Erlkönig

Jägerchor

An die Freude

Heidenröslein

ドイツ語読解教室

「魔王」「第九」から「ドイツ国歌」まで
全8曲を解説

大西 光弘

Loreley

Auf Flügeln des Gesanges

Jesus bleibet meine Freude

Deutsche Nationalhymne

白水社

装丁・本文レイアウト：多田昭彦

まえがき

　本書は、皆さんご存知のドイツの歌、「魔王」「狩人の合唱」「第九」「野ばら」
「ローレライ」「歌の翼に」「主よ、人の望みの喜びよ」「ドイツ国歌」を教材
として使って、ドイツ語の初歩をマスターしようという試みです。

本書で注目してほしい 2 つのこと

　本書では、簡単な 2 つのことだけを、ひたすら説明し続けています。

　この 2 つが分かれば誰でもドイツ語が読める、と筆者が考える「ドイツ語の
本質」です。

　❶主語に（　）をつけ、動詞には下線 _____ を引く。

　❷名詞の上に、ルビで「性と数と格」を書く。
- 「性」。男性名詞は **m** と、女性名詞は **f** と、中性名詞は **n** と書く。
- 「数」。単数なら何も書かず、複数の場合にだけ **pl** と書く
- 「格」。1 格「〜が」、2 格「〜の」、3 格「〜に」、4 格「〜を」を、
  それぞれ **1**、**2**、**3**、**4** と書く。

　たとえば (Mein Brüder) hat ein Kind.　　　私の兄は一人の子供　　をもっている。
　　　　　(Meine Schwester) hat zwei Kinder. 私の姉は二人の子供たちをもっている。

　この❶❷が分かればたいていのドイツ語は読めますから、本書を読みながら
確かめてみてください。

本書の読み方

　付録として「類型」という文書を巻末に付けてあります。それをカラーコピーして、
そのコピーを座右に置き、それと本文とを照らし合わせながら読んでください。

URL と QR コード

　それぞれの歌について、筆者の目についたヴァージョンの YouTube の
URL と QR コードを、4 つほど挙げてあります。それなども参考にいろいろ
と視聴してみて、もし気に入ったものがあればそれを視聴しながら、楽しく
ドイツ語を学んでください。

　YouTube は急に削除されることもあります。そのときは、ご自身でいろい
ろと探してみて、ぜひ自分のお気に入りのヴァージョンを見つけてください。

もくじ

第一部

魔 王

Erlkönig

筆者の目についた「魔王」の URL を、以下に 4 つ挙げておきます。

楽譜とドイツ語歌詞を見ながら聞くことのできる
ヴァージョン
https://youtu.be/XoBo8dlPcQo

名手ペーター・シュライヤーによる、300 万回
以上再生された古典的名唱
https://youtu.be/5XP5RP6OEJI

そして日本語版では、
中学校の音楽の時間に我々が聞いた、あのヴァー
ジョン（大木惇夫・伊藤武雄共訳）
https://youtu.be/XSoOSf-vz50

新しい口語の歌詞で歌われる、もと宝塚の姿月あ
さとさんによる 100 万回再生の名演
https://youtu.be/OpWwo5Ydl3M

Erlkönig

魔王

❶

Wer reitet so spät durch Nacht und Wind?
Es ist der Vater mit seinem Kind;
Er hat den Knaben wohl in dem Arm.
Er fasst ihn sicher, er hält ihn warm.

❷

„ Mein Sohn, was birgst du so bang dein
Gesicht? "
„ Siehst, Vater, du den Erlkönig nicht?
Den Erlenkönig mit Kron' und Schweif? "
„ Mein Sohn, es ist ein Nebelstreif. "

❸

„ Du liebes Kind, komm, geh mit mir!
Gar schöne Spiele spiel' ich mit dir;
Manch bunte Blumen sind an dem Strand,
Meine Mutter hat manch gülden Gewand. "

❹

„ Mein Vater, mein Vater, und hörest du
nicht,
Was Erlenkönig mir leise verspricht? "
„ Sei ruhig, bleibe ruhig, mein Kind;
In dürren Blättern säuselt der Wind. "

❺

„ Willst, feiner Knabe, du mit mir gehen?
Meine Töchter sollen dich warten schön;
Meine Töchter führen den nächtlichen Reihn
Und wiegen und tanzen und singen dich ein,
Sie wiegen und tanzen und singen dich ein. "

❻

„ Mein Vater, mein Vater, und siehst du nicht dort
Erlkönigs Töchter am düstern Ort? "
„ Mein Sohn, mein Sohn, ich seh' es genau;
Es scheinen die alten Weiden so grau. "

❼

„ Ich liebe dich, mich reizt deine schöne Gestalt:
Und bist du nicht willig, so brauch' ich Gewalt. "
„ Mein Vater, mein Vater, jetzt fasst er mich an!
Erlkönig hat mir ein Leids getan! "

❽

Dem Vater grauset's, er reitet geschwind,
Er hält in Armen das ächzende Kind,
Erreicht den Hof mit Müh' und Not;
In seinen Armen das Kind war tot.

筆者は中学一年生のとき、音楽の時間に「魔王」を習いました。「お父さん、お父さん」と連呼する子供の声に、夢に出てきそうなほど強烈な印象を受けました。この訳詩は、大木惇夫氏と伊藤武雄氏による共訳です。聞けば今でも、中学校の音楽の時間に習う「魔王」は、この訳詩を使っているということ。そこで、まずこの訳詩〈A〉を見ておきましょう。

───────── 〈A〉大木・伊藤共訳 ─────────

❶
風の夜に 馬を駆り
駆けりゆく者あり
腕に童 帯びゆるを
しっかとばかり 抱けり。

❷
坊や なぜ顔隠すか
お父さんそこに 見えないの
魔王がいる 怖いよ
坊や それは狭霧じゃ

❸
可愛い坊や おいでよ
おもしろい遊びをしよう
川岸に 花咲き
きれいなおべべが たんとある

❹
お父さんお父さん 聞こえないの
魔王が何か言うよ
なあに あれは
枯葉のざわめきじゃ

❺
坊や 一緒においでよ
用意はとうに できてる
娘と踊って お遊びよ
歌って おねんねもさしたげる
いいところじゃよ さあおいで

❻
お父さんお父さん それそこに
魔王の娘が
坊や坊や ああそれは
枯れた柳の幹じゃ

❼
可愛いや いい子じゃのう坊や
じたばたしても さらってくぞ
お父さんお父さん 魔王が今
坊やをつかんで 連れてゆく

❽
父も心 おののきつ
あえぐその子を 抱きしめ
からくも宿に 着きしが
子はすでに 息絶えぬ

これに対して、ドイツ語を直訳すると〈B〉になります。

───────── 〈B〉直訳 ─────────

❶
(ナレーション)　　誰がこんなに夜遅く馬を走らせているのだろう、夜と風を通って？
　　　　　　　　　それは、彼の子供と共にいる父親（子供を連れた父親）だ。
　　　　　　　　　彼は、腕の中でしっかりと少年を持っている（抱えている）。
　　　　　　　　　彼は彼をしっかりつかまえている、彼は彼を温かく抱きしめている。

❷
(父)　「私の息子よ、お前はなぜそんなに不安そうにお前の顔を隠すのか？」

（子）「お父さん、あなたは魔王を見ないの（お父さんには魔王が見えないの）？
　　　王冠をかぶり、長裾のマントを着た魔王を」
（父）「私の息子よ、それは霧の縞だよ」

❸

（魔王）「お前、かわいい少年よ。おいで、私と一緒に行こう。
　　　とても面白い遊びたちを、私はお前と一緒にしてあげよう。
　　　たくさんの色とりどりの花々が、岸辺にはあるよ（咲いているよ）。
　　　私の母は、たくさんの金色の衣服をもっているよ」

❹

（子）「私のお父さん、私のお父さん、あなたは聞かないの（聞こえないの）？
　　　魔王が僕にこっそり約束していることを」
（父）「静かにしなさい、静かなままでいてくれ、私の子よ。
　　　乾いた葉っぱたちの中で、風がザワザワ鳴っているんだよ」

❺

（魔王）「かわいい少年よ、お前は私と一緒に行かないか？
　　　私の娘たちが、お前のことを心をこめてお世話するはずだよ。
　　　私の娘たちは、夜の輪舞をリードするよ（お前と一緒に踊ってくれるよ）。
　　　お前を、揺すって踊って歌って寝かしつけてくれるよ」

❻

（子）「私のお父さん、私のお父さん、あなたはあそこに見ませんか（見えないのですか）？
　　　薄暗い場所にいる魔王の娘たちを」
（父）「私の息子よ、私の息子よ、私はそれをはっきりと見る（私にははっきり見えるとも）。
　　　古い柳たちが、たいそう灰色に（陰気に）見えているのだよ」

❼

（魔王）「私はお前を愛している。私を、お前の美しい姿が刺激するのだ。
　　　もしお前にその気がないのなら、私は暴力を使うぞ（腕づくでも連れて行くぞ）」。
（子）「私のお父さん、私のお父さん、いま彼が僕に触ったよ。
　　　魔王が僕に危害を加えたよ（ひどいことをしたよ）」

❽

（ナレーション）　　　父はゾッとする恐怖を感じた。彼は急いで馬を飛ばす。
　　　　　　　　　　彼は腕の中に、そのぜいぜいうめく子を抱きしめる。
　　　　　　　　　　やっとのことで屋敷にたどり着くと、
　　　　　　　　　　彼の腕の中で、子供は死んでいた。

　では以下で、なぜこういう直訳になるのかを見てゆきましょう。

　「魔王」は、さすが文豪ゲーテが書いただけあって、簡単な言葉を使っているのに実に含蓄が深く、ドイツ語入門としては最適です。

　そもそも「魔王」Erlkönig とは何者なのかというと、Erl は英語の elf にあたり「妖精」です。König は英語の king にあたり「王」です。ですから前後を合わせて Erlkönig とは、「妖精の王」という意味なのです。

　英語はドイツ語（広い意味でのゲルマン語）から派生したもので、英語とドイツ語はいわば兄弟です。ですので、できるだけドイツ語の単語に対応する英語の単語も（　）の中に挙げて、皆さんの理解のよすがにしようと思います。

・・・

❶

Wer reitet so spät durch Nacht und Wind?
Es ist der Vater mit seinem Kind;
Er hat den Knaben wohl in dem Arm.
Er fasst ihn sicher, er hält ihn warm.

(Wer) <u>reitet</u> so spät durch Nacht und Wind?

誰がこんなに夜遅く馬を走らせているのだろう、夜と風を通って？

（夜も更けて風も強いというのに、誰がこんなに夜遅く馬を飛ばしているのだ？）

　wer（英語の who にあたる）は疑問代名詞で、「誰が」です。reiten（英語の ride にあたる）は動詞で「車に乗る」です。しかしゲーテの時代には車はなかったので、これで「馬に乗る」という意味になります。合わせて (Wer) reitet で「誰が馬に乗っているのか」。動詞 reiten が reitet になっているのは、動詞が「人称変化」しているのです。これについては**類型①**「動詞の人称変化」を見てください。動詞 lernen（英語の learn

にあたる）を使って説明しています。この lernen のように en で終わっている形を、動詞の「不定形」「不定詞」と言います。まだ主語に応じて「定まっていない」（不定である）からです。辞書にはこの形で載っています。それに対して、主語が ich「私」のときは、動詞は lerne になり、この ich lerne で「私は学ぶ」となります。つまり主語が ich のとき、動詞は lernen から lerne へと「形が定まる」わけで、これを、主語に応じて「定まった形」ということで「定形」「定動詞」と呼ぶのです。主語ごとに動詞がどんな形をとるかを示したのが、その「動詞の人称変化」の表です。これを見ると、主語が「彼」er のときは動詞は lernt になっていますね。つまり er lernt で「彼は学ぶ」です。この「彼」は「3 人称単数」の総称です。「魔王」の wer「誰が」も、3 人称単数の仲間ですので、動詞は reitet になり、wer reitet で「誰が馬に乗っているのか」となります。ここで reitet と、t の前に e が付いているのは、発音上の補足です。表の通りに t だけを付けて reitt とすると、「ライトト」となって発音しにくいので、e を入れて reitet「ライテット」と発音しやすくしているのです。

　以上で見たように、動詞は 2 つの部分からできています。たとえば lernen でいうと、lern- の部分を「語幹」と言います。主語に何が来ようが変化しません。-en の部分を「語尾」と言います。この部分が、主語が変わるのに応じて変化します。それが「人称変化」です。

　so は英語の so と同じで「こんなに」。spät は「夜遅く」。Nacht（英語の night にあたる）は「夜」です。その前の durch（英語の through にあたる）は前置詞です。これについては類型⑧「前置詞の格支配」を見てください。その「4 格支配」のところに「durch（through）を通って」とありますね。まず durch は、後ろに 4 格をとる「4 格支配の前置詞」です。これ以降はこの「4 格支配」ということを、「後ろに 4 を取る」つまり「＋ 4 である」という意味で、必要がある場合は前置詞の上に「＋ 4」と書いて durch^{+4} で示します。そしてこれは、英語の through にあたり、意味は「〜を通って」です。ですので durch^{+4} Nacht$^{f\,4}$ で「夜を通って」となります。Wind^{m}（英語の wind にあたる）は「風」です。そして durch^{+4} の支配はこの Wind^{m} にまで及んでいるので、durch^{+4} Wind$^{m\,4}$ で「風を通って」となるのです。

●ドイツ語の名詞は辞書でどう説明されるか

　最初ですので、ドイツ語の名詞が辞書でどんな風に説明されるかを見ておきます。たとえば最後に見た Wind を辞書で引くと、下記のように書かれています。

Wind 〔男　-es(-s) / -e〕　風
第 1 項　　第 2 項　　　第 3 項　　第 4 項

　第 1 項は「名詞の性」です。つまり Wind という名詞は「男性名詞」だ、ということです。ドイツ語の名詞にはすべて性がついています。本書では、男性名詞を **m** で、女性名詞を **f** で、中性名詞を **n** で、複数形を **pl** で表します。それを名詞の上にルビで書きます。

　第 2 項は「単数 2 格の形」です。「風の」という所有の意味を表すときは、Windes か Winds という形になる、ということです。ドイツ語では日本語でいう「〜が、の、に、を」を「1 格、2 格、3 格、4 格」と呼びます。つまり、1 格とは「〜が」という意味であり、2 格は「〜の」、3 格は「〜に」、4 格は「〜を」という意味です。それも名詞の上にルビで書きます。

　第 3 項は「複数形」です。「風たち」という複数形を表すときは、後ろに -e が付いて Winde になる、ということです。それも名詞の上にルビで書きます。ここで一つお断りをしておきますが、「風たち」というふうに、人間ではない事物にも「**たち**」を付けると、読む側からすると、日本語として違和感があるかもしれません。しかしドイツ語では、単語が「単数か複数か」を判断するのは大事です。そこで本書では、人間ではなく「事物」の場合でも、もしそれが複数であれば、あえて「**たち**」という接尾辞を付けて、それが複数形であることを示したいと思います。ご了承ください。

　そして第 4 項に日本語の意味が書かれていて、これは「風」という意味だ、と分かるのです。

(Es) ist der Vater mit seinem Kind;

それは、彼の子供と共にいる父親（子供を連れた父親）だ。

　　es は英語の it にあたる言葉で、**類型①**を見ると、「それ」という意味だと分かります。ist は英語の is にあたり「〜である」です。合わせて (Es) ist で「それは〜である」。Vater（英語の father にあたる）は「父親」です。その前の der は「定冠詞」です。これについては**類型④**「定冠詞」を見てください。「定冠詞」とは、英語の the、日本語の「その」にあたる言葉です。その m 1 を見ると der Vater となっていますね。これで「その父は」です。

　　mit は英語の with にあたる前置詞です。再び**類型⑧**を見てください。「3格支配」のところに「mit(with)と共に」とありますね。つまりこれは、「mit は＋3 で、英語の with にあたり、『〜と共に』という意味だ」ということです。例文に Ich arbeite mit dem Vater. とありますね。これは I work with the father.「私は働く、父と共に」と言っているのです。この mit が＋3 なので、男性名詞である Vater の定冠詞は、der でもなく des でもなく den でもなく、dem Vater になるのです。「魔王」の場合は Kind「子供」（英語の kid にあたる）を使っています。ですから、ここでもし定冠詞を使うのなら、**類型④**の n 3 の定冠詞 dem を使って mit dem Kind で「その子供と共に」となります。

　　でもここでは mit seinem Kind となっています。この sein は**類型⑦**「不定冠詞類」なのですが、それを説明するにはまず「不定冠詞」を見なければなりません。それについては**類型⑤**「不定冠詞」を見てください。「不定冠詞」とは、英語の a、日本語の「ある（或る）」にあたる言葉です。その n 3 を見ると、einem Kind となっていますね。これを mit と一緒に使えば、mit einem Kind で「ある子供と共に」となります。これが「不定冠詞」です。

　　そして「魔王」で使われている sein は、その不定冠詞と同じ変化をする「不定冠詞の仲間」つまり「不定冠詞類」なのです。これについては**類型⑦**「不定冠詞類」を見てください。そこに「mein（my）私の」や「dein（your）君の」や「sein（his, its）彼・それの」や「ihr（her）彼

女の」…が書かれていますね。これらは、不定冠詞 ein の中へいわば「代入」して使います。ein の中へ代入されて ein と同じ語尾変化をするので、「不定冠詞類」なのです。先程見た n3 の einem Kind[n3] の ein に sein「彼の」を代入して mit[+3] seinem Kind[n3] とすると、「彼の子供と共に」となります。mein や sein は ein と音が似ているので理解しやすいのですが、「ihr(her) 彼女の」を使っても同じことです。mit[+3] einem Kind[n3] の ein に ihr を代入すると、mit[+3] ihrem Kind[n3] で「彼女の子供と共に」となります。

(Er) hat[ ] den Knaben[m4] wohl in dem Arm[m3].

彼は、腕の中でしっかりと少年を持っている（抱えている）。

er は「彼」、hat は「持つ」。Knabe[m]（英語の knave にあたる）は「少年」です。辞書には（雅）と書かれていますが、これは「雅語」（詩の言葉、優雅な言葉）という意味です。そして辞書にはさらに〔男 -n / -n〕と書かれています。つまり、男性名詞の単数 2 格は普通は -s という形なのですが、この Knabe の「単数 2 格」は -n が付いて Knaben になる、というのです。こういう名詞を男性弱変化名詞と言い、下記のように変化します。

	単 数	複 数
1 格	Knabe	Knaben
2 格	Knaben	Knaben
3 格	Knaben	Knaben
4 格	Knaben	Knaben

この den Knaben[m4] は 4 格で「少年を」です。wohl は「しっかりと」。Arm[m]（英語の arm にあたる）は「腕」です。in dem[+3] Arm[m3] の in も前置詞ですので、類型⑧を見てください。その「3・4 格支配」のところに「in (in) の中で、中へ」とありますね。「3・4 格支配」の前置詞は、3 格を支配する場合は「〜で」と場所を示し、4 格を支配する場合は「〜へ」と方向を示します。そこに例文が 2 つあって、

❶ Ich laufe in dem Park. （私は走る、公園の中「で」）
❷ Ich laufe in den Park. （私は走る、公園の中「へ」）

と書かれています。主語・動詞は Ich laufe「私は走る」で、❶も❷も同じです。Park（英語の park にあたる）は「公園」で男性名詞です。❶の場合は in dem Park と in が「3格支配」をしているので、これは「公園の中で」と「場所」を示します。❷の場合は in den Park と in が「4格支配」をしているので、これは「公園の中へ」と「方向」を示します。そして「魔王」では in dem Arm と3格支配になっているので、「腕の中で」という意味になるのです。

(Er) fasst ihn sicher, (er) hält hn warm.

彼は彼をしっかりつかまえている、彼は彼を温かく抱きしめている。

　動詞は fassen で「つかまえる、捕える」です。ihn は英語の him にあたる言葉です。これについては**類型**②「人称代名詞の3・4格」を見てください。そこに「彼」er の4格として ihn が書かれていますね。だから ihn は「彼を」なのです。sicher は「しっかりと」。合わせて「彼（父）は彼（子供）をしっかりつかまえている」。後半の動詞 halten（英語の hold にあたる）は「保持する・抱きしめる」です。主語が er なので、語幹の a が ä に変化しています。辞書には「du hältst, er hält」と書かれています。他の動詞でも、辞書にこんな風に書かれているときは、その動詞はこのパターンの動詞です。warm（英語の warm にあたる）は「暖かく／温かく」。合わせて「彼は彼を温かく抱きしめている」となります。

❷
„ Mein Sohn, was birgst du so bang dein Gesicht? "
„ Siehst, Vater, du den Erlkönig nicht?
Den Erlenkönig mit Kron' und Schweif? "
„ Mein Sohn, es ist ein Nebelstreif. "

„ Mein Sohn[m1], was <u>birgst</u> (du) so bang dein Gesicht[n4]? "

私の息子よ、お前はなぜそんなに不安そうにお前の顔を隠すのか？

　　mein Sohn[m1] の mein は英語の my にあたる「不定冠詞類」です。そこで **類型**⑦を見ると、「mein（my）私の」とあります。「呼びかけ」は１格で表します。そして Sohn[m1]（英語の son にあたる）は「息子」で男性名詞です。そこで m1 を見ると、ein Vater[m1] とあります。ein は無語尾です。この ein に mein を代入し、Vater[m1] を Sohn[m1] に変えて、mein Sohn[m1] で「私の息子よ」となります。主語は du「お前」です。動詞 bergen（英語の bury にあたる）は「隠す、埋蔵する」であり、主語が du なので語幹の e が i に変わっています。辞書には「du birgst, er birgt」と書かれています。主語が du と er のとき、動詞の語幹が変音するパターンには、先に見た「**a が ä に変わるタイプ**」と、この「**e が i に（あるいは ie に）変わるタイプ**」があります。そのことは辞書に書かれていますので、「あれ？」と思ったときは確認してください。was は、ここでは「なぜ」という意味で使われています。so は「そんなに」、bang は「不安そうに」です。Gesicht[n] は「顔」です。そこにある dein も「不定冠詞類」なので **類型**⑦を見ると、「dein（your）君の」とあります。ここでは「君の顔を」と言いたいので n4 です。その n4 を見ると ein Kind[n4] となっています。ein は無語尾です。その ein に dein を代入し、Kind を Gesicht に変えて dein Gesicht[n4] で「お前の顔を」となります。少年は手の中に顔をうずめて怖がっているのですね。

„ Siehst, Vater[m1], (du) den Erlkönig[m4] nicht?

お父さん、あなたは魔王を見ないの（お父さんには魔王が見えないの）？

　　動詞 sehen（英語の see にあたる）は、主語が du や er のとき語幹の e が ie に変わるタイプです。そして、通常の SV「主語・動詞」という語順を逆にして VS「動詞・主語」にして、文末に ? を付けると、肯定文が疑問文に変わります。それで <u>Siehst</u> (du) ...? で「お前は見るのか？」になります。nicht は英語の not にあたり、否定文を作ります。またここでは

親しい間柄なので du を使っていますが、日本語では子供が父を「おまえ」と呼ぶことはないので、そのあたりは前後関係に応じて訳してください。「あなた（には見えないの？）」くらいでしょうか。Vater^{m1} は 1 格の「呼びかけ」です。den Erlkönig^{m4} は「魔王を」です。

Den Erlenkönig^{m4} mit Kron'^{f3} und Schweif^{m3} ? "

王冠をかぶり長裾のマントを着た魔王を。

　この 3 行目は、2 行目の続きです。まず「魔王」という単語ですが、前の行では Erlkönig となっていたのに、ここでは Erlenkönig となり、**en** が付け加わっています。これは、詩を吟唱したり歌ったりするときのリズムを合わせるために en を付けたもので、Erlkönig も Erlenkönig も同じものです。mit は先程見た＋3 の前置詞で「〜と共に」という意味です。だから後ろの Krone^{f3}「王冠」（英語の crown にあたる）と Schweif^{m3}「長裾」は 3 格になっています。この Schweif^m は「長いふさふさした尾」という原意の言葉ですが、ここでは Schleppe^f「（主に婦人服の）引き裾、長裾」という意味で使われています。「長い尾」からのアナロジーで生じた意味です。魔王は、長裾のマントを着ているのですね。

　また原文には Kron' と「'」が付いていますが、この「'」は、「一文字略した」という記号です。そうやって略される一文字は、ほとんどの場合 e です。つまり Krone を Kron' と略しているのです。その理由は、「クローネ・ウント・シュヴァイフ」よりも「クローン・ウント・シュヴァイフ」の方が口調がよく、詩であれば口誦しやすく、歌であれば歌いやすいからです。それゆえ mit Kron'^{f3} und Schweif^{m3} で「王冠をかぶり長裾のマントを着た」となります。

„ Mein Sohn^{m1}, (es) ist ein Nebelstreif^{m1}. "

私の息子よ、それは霧の縞だよ。

　mein Sohn^{m1} は「私の息子よ」。Nebelstreif^m は「霧の縞」です。Nebel^m は「霧」。Streif^m は英語でいう「ストライプ」（縞模様）。霧が縞模様になっ

て、おそらくは音も立てずに横方向にスーッと流れているのを、この少
年は「魔王だ」と思って恐れているのですね。

❸
„ Du liebes Kind, komm, geh mit mir!
Gar schöne Spiele spiel' ich mit dir;
Manch bunte Blumen sind an dem Strand,"
Meine Mutter hat manch gülden Gewand.

„ Du liebes Kind, komm, geh mit mir!
お前、かわいい少年よ。おいで、私と一緒に行こう。

　du は「お前」で、呼びかけの1格です。次の liebes Kind は、Kind
という名詞の前に、lieb「かわいい」という形容詞が付いた形です。これ
については**類型⑨**「形容詞の格変化」を見てください。形容詞は3種類
の変化の仕方をします。

1. 「強変化」は「名詞の前に形容詞だけが付く場合」です。これは「定
   冠詞の代わりに形容詞が変化している」のです。形容詞の表の上に、
   参考として定冠詞の変化表を挙げてあります。その「定冠詞の変化」
   と「強変化の形容詞の変化」を見比べてください。ほとんど同じです。
   つまり形容詞が定冠詞の代わりに語尾変化をして、名詞の「性、数、格」
   を表しているのです。
2. 「弱変化」は「名詞の前に『定冠詞＋形容詞』が付く場合」です。そ
   こにある定冠詞が変化して名詞の「性、数、格」を表しているので、
   形容詞は「**e** と **en**」だけ、という弱い変化でよいのです。だから「弱
   変化」と言います。
3. 「混合変化」は「名詞の前に『不定冠詞＋名詞』が付く場合」です。
   弱変化と強変化とが「混合」された変化をします。ほとんど弱変化
   と同じですが、m1とm4、n1とn4だけが、弱変化ではなく、強
   変化のパターンで変化します。

この 1.「強変化」、2.「弱変化」、3.「混合変化」の成り立ちを、少し詳しく**コラム❶**で説明しておきます。

コラム❶　形容詞の格変化 ･･････････････････････････････････････

　類型⑨「形容詞の格変化」を見ると実に複雑で、「とても覚えられない」という印象を持ちませんか？　でもこれは「定冠詞の格変化」から順を追って導き出されたものなので、「定冠詞の格変化」さえ覚えておけば、すべて自分の力で導き出せるのです。その導き出しかたを見ておきます。
　まず定冠詞の格変化はこうなっています。

	m	f	n	pl.
1格（が）	der Vater	die Mutter	das Kind	die Kinder
2格（の）	des Vaters	der Mutter	des Kindes	der Kinder
3格（に）	dem Vater	der Mutter	dem Kind	den Kindern
4格（を）	den Vater	die Mutter	das Kind	die Kinder

　定冠詞は、こうやって格変化することで、それに続く名詞の「性と数と格」を示してくれているのです。
　では、その定冠詞が使われず、形容詞だけが名詞の前に付く場合、どうやって名詞の「性と数と格」を示せばよいのでしょう。定冠詞の代わりに形容詞が格変化するしかありません。それが次の「強変化」です。

1. 強変化（名詞の前に形容詞だけが付く場合）
〔定冠詞の代わりに形容詞が変化する〕

	m	f	n	pl.
1格（が）	guter Vater	gute Mutter	gutes Kind	gute Kinder
2格（の）	guten Vaters	guter Mutter	guten Kindes	guter Kinder
3格（に）	gutem Vater	guter Mutter	gutem Kind	guten Kindern
4格（を）	guten Vater	gute Mutter	gutes Kind	gute Kinder

　「定冠詞」と「形容詞」の変化を見比べてください。ほぼ同じです。違うのは m 2 と n 2、そして n 1 と n 4 です。まず m 2 と n 2 は、定冠詞

が des なのに形容詞は guten です。17 世紀頃までは形容詞も定冠詞の通りに gutes と変化していたそうです。しかしこの m 2 と n 2 では、名詞の後ろに s が付くので、それを見れば名詞が 2 格であることが分かります。それなら、形容詞もわざわざ gutes と変わる必要はありません。格変化は gutes から、発音の負担の少ない guten へと、いわば「退化」したのです。思考経済の一種です（詳しいことが知りたい人は、桜井和市『ドイツ広文典』［第三書房］95 頁の注 1 を見てください）。次に n 1 と n 4 を見ましょう。中性の冠詞類の格変化は、この「強変化」だけでなく「定冠詞類」でも n 1 と n 4 が -es になっています。つまり冠詞類の n 1 と n 4 の変化は、むしろ -es が基本であって、定冠詞の -as の方が例外なのです。そう理解すれば、まず「定冠詞」から「強変化」を導き出せますね。

　次に、名詞の前に「定冠詞と形容詞」が付く場合です。名詞の「性と数と格」は、その「定冠詞」が示してくれます。だから形容詞は、ほとんど変化する必要がありません。つまり -e と -en という 2 種類の変化しかしないのです。それを「弱変化」と言います。

2. 弱変化（名詞の前に「定冠詞＋形容詞」が付く場合）
　〔定冠詞があるから弱変化でよい〕

	m	f	n	pl.
1	der gute Vater	die gute Mutter	das gute Kind	die guten Kinder
2	des guten Vaters	der guten Mutter	des guten Kindes	der guten Kinder
3	dem guten Vater	der guten Mutter	dem guten Kind	den guten Kindern
4	den guten Vater	die gute Mutter	das gute Kind	die guten Kinder

　ここを支配する単純な規則は、「赤い太線の中が -en で、外は -e 」ということです。m 4 が -en になっているのは、定冠詞の den と音が連動したことによって生じた例外です。

　最後に、名詞の前に「不定冠詞と形容詞」が付く場合です。基本的には「弱変化」と同じ変化をします。ただ m 1 と m 4、そして n 1 と n 4 だけが「強変化」のパターンで変化します。「弱変化」と「強変化」が混合した変化なので、これを「混合変化」と言います。

3. 混合変化（名詞の前に「不定冠詞＋形容詞」が付く場合）〔弱変化＋強変化〕

	m	f	n	pl.
1	ein guter Vater	eine gute Mutter	ein gutes Kind	meine guten Kinder
2	eines guten Vaters	einer guten Mutter	eines guten Kindes	meiner guten Kinder
3	einem guten Vater	einer guten Mutter	einem guten Kind	meinen guten Kindern
4	einen guten Vater	eine gute Mutter	ein gutes Kind	meine guten Kinder

　なぜ m 1 と m 4、そして n 1 と n 4 が例外なのかというと、不定冠詞の形を見てください。m 1 は ein、n 1 も ein で、同じです。つまり不定冠詞だけでは、それに続く名詞が「男性」なのか「中性」なのかを示すことができません。そこで、形容詞が 1.「強変化」のパターンで変化して、そのことを示すのです。

　以上のことを理解しておくと、「定冠詞の格変化」から「形容詞の格変化」を自分の力で導き出すことができます。

・・・

　この「魔王」の liebes Kind [n1] は、「形容詞・名詞」という語順なので 1.「強変化」です。「かわいい少年よ」と Kind [n] に呼びかけたいので n 1 です。表で n 1 を見ると、gutes Kind となっています。その gut に lieb を代入して liebes Kind [n1] で「かわいい少年よ」となります。komm と geh は「命令形」です。動詞の不定詞から n を取るか、あるいは en を取り、文末に！を付けると、「du への命令形」になります。ここでは kommen「来る」と gehen「行く」から en を取って、komm「来い」と geh「行け」という命令形を作っています。mit mir [+3] の mir は英語の me にあたる言葉で、類型②にある ich「私」の 3 格です。それで mit mir [+3] で「私と一緒に」となります。

Gar schöne Spiele [n pl 4] spiel' (ich) mit dir;
とても面白い遊びたちを、私はお前と一緒にしてあげよう。

　gar は「とても」という副詞。Spiele [n pl 4] は、Spiel [n]「遊び」の複数形です。その Spiele [n pl] に schön「美しい・面白い」という形容詞だけが付いています。「形容詞・名詞」の語順なので 1.「強変化」です。ここは「面白い遊びたちを」と言いたいので pl 4 です。表で pl 4 を見ると、gute Kinder「よい子

供たちを」となっています。その e を schön にも付けて、gar schöne Spiele[n pl 4] で「とても面白い遊びたちを」となります。spiel' は先程と同じく e を略していて、本当は spiele (ich)「するよ、私は」です。mit dir の dir は du の3格で、mit dir で「お前と一緒に」です。さて、この文 Gar schöne Spiele[n pl 4] spiel' (ich) mit dir. は、英語ではあり得ない「目的語・動詞・主語」という語順で作られていますね。なぜなのでしょう？ それを「**コラム❷　動詞の位置**」で説明しておきます。

コラム❷　動詞の位置 ‥‥‥‥‥‥‥‥‥‥‥‥‥‥‥‥‥‥‥‥‥‥

その1「定動詞 第2位置」の法則

　まず**類型③**「定動詞 第2位置の法則」を見てください。ドイツ語では肯定文の場合、文頭に主語が来ようが、非主語が来ようが、どちらの場合でも定動詞は第2位置に置かれます。それを「定動詞 第2位置の法則」と言います。その**類型③**に書かれた例文を見てください。

　「主語が文頭の場合」は、(Ich) **lese** heute das Buch[n 4]. 「私は今日、その本を読む」です。これは主語が文頭にある普通の形で、それゆえ定動詞は、当然ながら第2位置にあります。

　「非主語が文頭にある場合」その①は、Heute **lese** (ich) das Buch[n 4]. 「今日、私はその本を読む」です。これは、heute「今日」をどうしても強調したい、という場合の文です。「どうしても強調したい言葉は文頭へ持ってゆく」というのは、日本語でも英語でもドイツ語でも同じです。その場合でも、定動詞 lese は第2位置に来て、主語は第3位置に来るのです。

　「非主語が文頭にある場合」その②は、Das Buch[n 4] **lese** (ich) heute. 「その本を、私は今日読む」であり、これは、das Buch[n 4]「その本を」を強調したい場合の文です。この場合でも、定動詞 lese は第2位置に来て、主語は第3位置に来るのです。

　先に見た Gar schöne Spiele[n pl 4] spiel' (ich) mit dir. の語順は、この法則に従っているのです。

　以上が「定動詞 第2位置」の法則です。

その2 「副文では動詞は後置」の法則

まず「主文と副文」という言葉を理解してください。「主文」とは、「主な文」つまり「中心的な文」のことです。「副文」とは、「副えられた文」つまり「副次的な文」のことです。

たとえば、「あなた、私が好きだってこと知ってるでしょ？」という文があったとして、これを西洋語的に直してみましょう。すると、「あなたは知っているでしょう？」は「中心的な文」ですね。だから「主文」です。そして「私があなたを愛しているということを」は「副次的な文」ですね。だから副文です。主文を前へ置き、副文を後に置いて日本語の文を作り、その下に英語訳とドイツ語訳を置くと、以下のようになります。

	主文	副文
【日本語】	あなたは知ってるでしょう、私があなたを愛しているということを。	
【英語】	You know	that （I） <u>love</u> you.
【ドイツ語】	Du weißt,	dass （ich） dich <u>liebe</u>.

見てほしいのは副文の語順です。英語を見ると、that（I）<u>love</u> you「私があなたを愛していること」で、ごく普通の語順です。でもドイツ語を見ると、dass (ich) dich <u>liebe</u> となっていて、動詞が**後**ろへ置かれています。こういう風に動詞を後ろへ飛ばすことを、ドイツ語では**「後置」**と言います。つまり「副文では動詞は後置される」のです。

以上が「副文では動詞は後置」という法則です。

以上で見たように、英語では語順が実に単純ですが、それとは違って、ドイツ語では、主語や動詞が前へ行ったり後ろへ行ったりします。ですから、どれが主語でどれが動詞かを見分けることが、ドイツ語を理解するためのまず第一歩です。そこで本書では、

　①主語に（ ）をつけ、動詞には下線＿＿＿を引く。

ということをして、主語と動詞を確認してもらっているのです。

• •

(Manch bunte Blumen) sind an dem Strand,
f pl 1
m 3

たくさんの色とりどりの花々が、岸辺にはあるよ（咲いているよ）。

manch は、**類型⑥**「定冠詞類」にある「mancher（many）多くの」なのですが、ここでは語尾変化なしで副詞的に使われていると考えてください。bunt は「色とりどりの」という形容詞です。Blumen は Blume（英語の bloom にあたる）「花」の複数形です。「形容詞・名詞」という語順なので、これも 1.「強変化」です。複数名詞の主語だから表の pl 1 を見ると、gute Kinder「よい子供たちが」となっています。その e を bunt にも付けて bunte Blumen で「色とりどりの花々が」となります。an dem Strand は「岸辺に」です。

(Meine Mutter) hat manch gülden Gewand. "
f 1
n 4

私の母は、たくさんの金色の衣服をもっているよ。

(Meine Mutter) hat で「私の母は持つ」。その次の manch も、先程と同じく副詞的に使われています。gülden は golden「金色の」という形容詞の雅語です。Gewand も雅語で「衣服」です。これも「形容詞・名詞」という語順なので、1.「強変化」です。「金色の衣服を」と言いたいので n 4 です。表で n 4 を見ると gutes Kind「よい子供を」となっています。そこでその es を gülden にも付けて、ここは güldenes Gewand「金色の衣服を」となるはずですが、ドイツ人の語感として、この発音は快くないのでしょう。ゲーテはこの es を省略しています。

❹

„ Mein Vater, mein Vater, und hörest du nicht,
Was Erlenkönig mir leise verspricht? "
„ Sei ruhig, bleibe ruhig, mein Kind;
In dürren Blättern säuselt der Wind. "

„ Mein Vater, mein Vater, und hörest (du) nicht,

私のお父さん、私のお父さん、あなたは聞かないの（聞こえないの）？

> Mein Vater は「私の父よ」で呼びかけの 1 格です。動詞 hören（英語
> の hear にあたる）は「聞く」です。hörest (du) の語順で文末に？があ
> るので疑問文であり、nicht が付いているので「あなたは聞かないの？」（あ
> なたには聞こえないの？）になります。

Was (Erlenkönig) mir leise verspricht? "

魔王が僕にこっそり約束していることを。

> ここは 1 行目と 2 行目を合わせて、
> **Mein Vater, mein Vater, und hörest (du) nicht, was (Erlenkönig)**
> **mir leise verspricht ?**
> **お父さん、お父さん、魔王が僕にこっそり約束していることが聞こえないの？**
> となります。
> ここには関係代名詞（類型⑩）が入るので、少しコラムで説明します。

コラム❸　関係代名詞 ••

「代名詞」と「関係代名詞」はどう違うのかを、まず見ておきます。
「代名詞」は、「ある文が終わった後で、前文の**名詞**の**代**わりをする**詞**」
です。

(Ein Lehrer) kommt hierher.　　(Er) liebt den Hund von Herzen.
「ある先生がこちらへやってくる」　「彼は犬を心から愛している」

この **er（彼は）** が「代名詞」です。

「関係代名詞」は、「同じ文の中にある名詞に**関係**して、その**名**詞の代わりをする**詞**」です。

(Der Lehrer), (der) den Hund von Herzen liebt, kommt hierher.
「先生　　　　**その男性は**犬を心から愛している、がこちらへやってくる」

「犬を心から愛している先生がこちらへやってくる」

この **der（その男性は）** が「関係代名詞」です。

類型⑩　**関係代名詞**　（形は定冠詞とほぼ同じ。**en** の部分が違うだけ）

	m	f	n	pl.
1	der（その男性は）	die（その女性は）	das（そのものは）	die（そのものたちは）
2	dessen（その男性の）	deren	dessen	deren
3	dem（その男性に）	der	dem	denen
4	den（その男性を）	die	das	die

訳し方のコツ

（1）関係代名詞節（主語と動詞のワンセット）と、それ以外の部分を、別々に訳します（関係代名詞節は副文なので、動詞は最後にあることに注意してください）。

（2）関係代名詞と、その前にある名詞（先行詞）をまとめて、ひとまとまりの名詞にします。

　例　文

1格　(Der Lehrer), (der) den Hund von Herzen liebt, kommt hierher.

（1）その先生（**その男性は**犬を心から愛している）がこちらへやってくる。
（2）「犬を心から愛している先生」がこちらへやってくる。

この「**der**」が関係代名詞です。つまり、「**定冠詞のように見えるが、その上に『性、数、格』が書かれたもの**」が関係代名詞です。

2格 (Der Lehrer[m1]), (dessen[m2] Mutter[f1]) den Hund[m4] von Herzen liebt, kommt hierher.

(1) その先生（**その男性の**母は犬を心から愛している）がこちらへやってくる。
(2) 「心から犬を愛する母をもつ先生」がこちらへやってくる。

3格　(Der Lehrer[m1]), dem[m3] (ich) den Hund[m4] gebe, kommt hierher.

(1) その先生（**その男性に**私は犬をあげる）がこちらへやってくる。
(2) 「私が犬をあげようと思っている先生」がこちらへやってくる。

4格　(Der Lehrer[m1]), den[m4] (der Hund[m1]) von Herzen[n3] liebt, kommt hierher.

(1) その先生（**その男性を**犬は心から愛している）がこちらへやってくる。
(2) 「犬が心から愛している（＝犬に愛されている）先生」がこちらへやってくる。

以上で男性の場合を見ましたが、女性・中性・複数の場合も、理屈は全く同じです。

さて、以上で見た関係代名詞は、先行詞として名詞（上の例文でいうとder Lehrer[m]）をもっていました。でも先行詞として名詞をもたない関係代名詞もあります。そういう「名詞ではない先行詞をもつ関係代名詞」を、不定関係代名詞と言います。

不定関係代名詞

	m	n
1	wer　　（その人は）	was（それは）
2	wessen（その人の）	——
3	wem　　（その人に）	——
4	wen　　（その人を）	was（それを）

(Alles), $\overset{n4}{\text{was}}$ (ich) Ihnen <u>sage</u>, 　　　　<u>$\overset{f3}{\text{kommt}}$ aus der Zeitung.</u>
「すべて、**それを**私は皆様にに申し上げる、は新聞から来ています」

「私が皆様に申し上げるすべてのことは、新聞から来ています（新聞による情報です）」

　この場合、先行詞は alles（すべてのこと）という意味の定冠詞類で、名詞ではありませんね。だから「名詞ではない先行詞をもつ関係代名詞」である was という「不定関係代名詞」が使われるのです。もし先行詞が、たとえば diese $\overset{f1}{\text{Sache}}$（この事柄）という名詞であれば、普通の関係代名詞（＝定関係代名詞）f4 の $\overset{f4}{\text{die}}$ を使って、

(Diese $\overset{f1}{\text{Sache}}$), $\overset{f4}{\text{die}}$ (ich) Ihnen <u>sage</u>, <u>$\overset{f3}{\text{kommt}}$ aus der Zeitung.</u>
「この事柄、　**それを**私は皆様に申し上げる、は新聞から来ています」

「私が皆様に申し上げるこの事柄は、新聞から来ています（新聞による情報です）」
　となります。

was が先行詞をもたない場合
　この was は、先行詞をもたないこともあります。先行詞を中に含んでいる場合です。たとえば、これはメルケル首相が 2020 年 3 月 19 日に行った有名な『コロナ対策演説』の中で、医療従事者に対して述べた言葉ですが、

Was Sie leisten, ist gewaltig.
「皆様がしてくださっていることは、巨大な（とてつもない）ことです」

　英語で what を the thing which に分解するのと同じく、この was は das Ding, das に分解します。

Was　　　Sie　leisten, ist gewaltig.
(Das Ding), das (Sie) leisten, ist gewaltig.
「その事柄、**それを**皆様はなし遂げた、は巨大な（とてつもない）ことです」

「皆様がしてくださっている事柄は　　　巨大な（とてつもない）ことです」

　この was の中には、das Ding という先行詞が含まれています。それゆえ、関係代名詞らしい was があって、そこに先行詞らしいものが見当たらない場合は、その was は das Ding, das に分解してください。

・・・

　では魔王で見ましょう。この箇所を簡略化し、さらにコラムで見たように、was を das Ding, das に分解すると次のようになります。

(du) hörest nicht,　　was　　　(Erlenkönig) mir leise verspricht
(du) hörest nicht das Ding, das (Erlenkönig) mir leise verspricht

　分解してできた下の行を訳してゆきます。前半の (du) hörest nicht das Ding, は「君は物を聞かない」です。後半の das (Erlenkönig) mir leise verspricht の das は、普通の関係代名詞 n 4 の das「**それを**」です。主語は Erlenkönig「魔王が」。動詞は verspricht です。関係代名詞は副文の一種なので、動詞は後置されています。この不定詞は versprechen「約束する」で、主語が er のとき語幹の e が i に変わるタイプです。そして mir leise は「僕にこっそり」。つまり後半は「**それを魔王は僕にこっそり約束する**」です。前半と後半を合わせて次のようになります。

(du) hörest nicht das Ding, das (Erlenkönig) mir leise verspricht
「あなたは物を聞かない、　　**それを魔王が僕にこっそり約束している**」

「あなたは、『魔王が僕にこっそり約束していること』を聞かない」

「あなたには、『魔王が僕にこっそり約束していること』が聞こえない」

それの疑問形が魔王の原文です。そして1行目と2行目を合わせて、
Mein Vater, mein Vater, und hörest (du) nicht, was (Erlenkönig)
mir leise verspricht？「お父さん、お父さん、魔王が僕にこっそり約束
していることが聞こえないの？」となるのです。

„ Sei ruhig, bleibe ruhig, mein Kind;

静かにしなさい、静かなままでいてくれ、私の子よ。

　sei は sein「〜である」から n を取って作った du への命令形で、意味
は「〜であれ」です。ruhig「静かな」を付けて、Sei ruhig で「静かであれ」
（静かにしなさい）です。bleibe も bleiben「〜のままである」から n を取っ
て作った du への命令形で、意味は「〜のままであれ」です。ruhig を付
けて bleibe ruhig で「静かなままであれ」です。

In dürren Blättern säuselt (der Wind). "

乾いた葉っぱたちの中で、風がザワザワ鳴っているんだよ。

　これは「定動詞 第2位置の法則」に従う文で、文頭に「非主語」In
dürren Blättern が来たので、第2位置に定動詞 säuselt が来て、第3位
置に主語 (der Wind) が来ています。主語 (der Wind) は「風が」であり、
動詞 säuselt は「ザワザワ鳴っている」です。Blättern は、まず単数が
Blatt（英語の blade にあたる）「葉っぱ」で、その複数形が Blätter「葉っ
ぱたち」です。その後ろに付いている n は、複数3格の名詞に付く n です。
dürr は「乾いた」という意味の形容詞です。in はここでは「3格支配」で「〜
の中で」という意味です。「形容詞・名詞」の形なので類型⑨の1.「強変
化」を見てください。表の pl 3 を見ると guten Kindern とあります。そ
の en をここにも付けて、in dürren Blättern で「乾いた葉っぱたちの中で」
となります。

❺

„ Willst, feiner Knabe, du mit mir gehen?

Meine Töchter sollen dich warten schön;

Meine Töchter führen den nächtlichen Reihn

Und wiegen und tanzen und singen dich ein,

Sie wiegen und tanzen und singen dich ein. "

„ <u>Willst</u>, feiner Kn^{m 1}abe, (du) mit mir <u>gehen</u>?

かわいい少年よ、お前は私と一緒に行かないか？

> 　形容詞 fein（英語の fine にあたる）は「見目麗しい・かわいい」です。feiner Kn^{m 1}abe の -er については、類型⑨の 1.「強変化」の m 1 を見てください。そこに guter V^{m 1}ater とある -er です。これは「かわいい少年よ」という呼びかけの 1 格です。willst は、話法の助動詞 wollen「～したい・～するつもりがある」で、主語が du の場合です。その「話法の助動詞」を、少しコラムで見ておきます。

コラム❹　話法の助動詞 ・・・

　「話法の助動詞」の用法は、基本的には英語と同じものです。英語では、She sings　　very well.「彼女は歌う、たいへん上手に」に can をつけると、She can sing very well.「彼女は歌うことができる、たいへん上手に」になります。

　つまり、助動詞（can）は、もともと定形動詞（sings）があった位置に入り、その動詞は、①「不定詞（sing）に戻って」、②「助動詞の直後に置かれる」のです。

　ドイツ語の場合も、基本的には同じです。ドイツ語では、(Sie) <u>singt</u> sehr gut.　「彼女は歌う、たいへん上手に」に kann をつけて (Sie) <u>kann</u> sehr gut <u>singen</u>.「彼女は歌うことができる、たいへん上手に」になります。

つまりドイツ語の場合、助動詞（kann）は、もともと定形動詞（singt）があった位置に入り、その動詞は、①「不定詞（singen）に戻って」、②「文末へ飛ばされる」のです。英語とドイツ語の違いは、②です。英語では、不定詞は「助動詞の直後」に置かれますが、ドイツ語では、不定詞は「文末へ飛ばされる」のです。それ以外の点は基本的に同じです。

　ドイツ語の話法の助動詞は6つあります。その人称変化と大まかな意味は次の通りです。

	～してよい	～できる	～かもしれぬ	～せねばならぬ	～すべきだ	～したい
英語	(may)	(can)	(may)	(must)	(should)	(will)
不定詞	**dürfen**	**können**	**mögen**	**müssen**	**sollen**	**wollen**
ich	**darf**	**kann**	**mag**	**muss**	soll	**will**
du	**darfst**	**kannst**	**magst**	**musst**	sollst	**willst**
er	**darf**	**kann**	**mag**	**muss**	soll	**will**
wir	dürfen	können	mögen	müssen	sollen	wollen
ihr	dürft	könnt	mögt	müsst	sollt	wollt
sie	dürfen	können	mögen	müssen	sollen	wollen

　助動詞の語幹の音は、単数で使われるときに変わります。表ではそれを黒の太字で書いてあります。変わらないのは sollen だけです。

・・・

　原文に戻ります。ここでは助動詞が、主語に応じて変化する定形動詞の役割を果たしていますから、VS...? の語順で疑問文です。つまり <u>Willst</u> (du) ... <u>gehen</u>? で、「お前は行くつもりはあるか（行かないか）？」。mit mir は「私と一緒に」です。

(Meine Töchter) <u>sollen</u> dich <u>warten</u> schön;
（fpl 1）

私の娘たちが、お前のことを心をこめてお世話するはずだよ。

　主語は (Meine Töchter)（fpl 1）「私の娘たちが」。その単数形は Tochter（英語の daughter にあたる）です。sollen も話法の助動詞で、基本的には「～すべきだ」という意味ですが、ここでは「～のはずだ」という意味で使われています。<u>sollen</u> dich <u>warten</u> で「お前のことをお世話するはずだよ」

34

です。動詞 warten（英語の wait にあたる）は、自動詞の場合は「待つ」という意味ですが、ここは dich（お前を）という 4 格目的語を持つ他動詞として使われていますから、「（人の）世話をする、面倒を見る」という意味になります（waiter［客の世話をする人］の wait です）。schön はここでは「上手に・心をこめて」という意味で、副詞的に使われています。合わせて「お前のことを心をこめてお世話するはずだよ」です。この sollen には「第三者の意志」という意味もありますから、魔王は少年に、「娘たちに、お前のことを心をこめてお世話するよう言ってあるよ」と言っているのです。

(Meine Töchter) führen den nächtlichen Reihn

私の娘たちは、夜の輪舞をリードするよ（お前と一緒に踊ってくれるよ）。

主語は (Meine Töchter) で「私の娘たちが」。動詞は führen で、「導く・リードする」という意味。Reihn は Reigen「輪舞・フォークダンス」の別形です。これは動詞 reihen「一列に並べる」と同系の言葉です。nächtlich は、Nacht「夜」の形容詞形で「夜の」。den nächtlichen Reihn は、類型⑨の 2.「弱変化」の m 4 のパターンの変化で、これで「夜の輪舞を」となります。

Und wiegen und tanzen und singen dich ein,

（私の娘たちが）お前を、揺すって踊って歌って寝かしつけてくれるよ。

主語は、3 行目の (Meine Töchter)「私の娘たちが」が続いています。3 つある動詞はすべて分離動詞です。1 番目の ein|wiegen は「（子供を）揺すって寝かしつける」です。3 番目の ein|singen は「歌って寝かしつける」です。そしてここで問題になるのは、2 番目の ein|tanzen です。

『独和大辞典』で ein|tanzen を引くと、sich⁴ eintanzen で「ダンスの足慣らしをする」ことだとあります（604頁）。しかしこれでは他の 2 つの動詞と合いません。そこで独独辞典の *Duden, Deutsches Universal Wörterbuch A-Z* を引くと、ein|tanzen とは sich durch kürzeres übendes

Tanzen auf einen unmittelbar folgenden Auftritt vorbereiten「短めの練習ダンスによって、すぐ次の登場の準備をすること」(331頁) だとあります。つまり魔王の娘たちは、少年を「揺すって寝かしつけ、踊りの準備をして、歌って寝かしつける」ということになるのです。でもこれでも他の2つの動詞と合いません。

　そこでネイティヴの知人に尋ねたところ、これは「ゲーテの造語だと思う」ということでした。これはネイティヴだから言える台詞で、ノンネイティヴの日本人には決して言えない台詞ですね。もともと存在したのは、ein|wiegen「揺すって寝かしつける」と ein|singen「歌って寝かしつける」という言葉です。それに倣ってゲーテは ein|tanzen に、もともとは存在しない「踊って寝かしつける」という意味を込めたのです。それなら他の動詞とも合いますね。つまり魔王は少年に、私の娘たちはお前を「揺すって寝かしつけ、踊って寝かしつけ、歌って寝かしつけてくれるよ」と言って誘っているのです。具体的には、魔王の娘たちは少年を「腕の中に抱いて踊り、それで少年を揺すって歌って寝かしつけてくれる」のです。

　ein|wiegen も ein|tanzen も ein|singen も、すべて ein という前綴りを共通してもっているので、その ein を後ろへ飛ばして共有しています。

(Sie) <u>wiegen</u> und <u>tanzen</u> und <u>singen</u> dich <u>ein</u>. "

これは、主語の (Meine Töchter)「私の娘たち」を sie「彼女たち」という人称代名詞で置き換えた形です。

„ Mein Vater, mein Vater, und siehst du nicht dort
Erlkönigs Töchter am düstern Ort? "
„ Mein Sohn, mein Sohn, ich seh' es genau;
Es scheinen die alten Weiden so grau. "

„ Mein Vater, mein Vater, und siehst (du) nicht dort

私のお父さん、私のお父さん、あなたはあそこに見ませんか（見えないのですか）？

Erlkönigs Töchter am düstern Ort? "

薄暗い場所にいる魔王の娘たちを。

　この2行目は1行目の続きです。Erlkönigs Töchter は、本当は2格を後ろへ置いて Töchter des Erlkönigs「魔王の娘たちを」と書くのですが、ここは吟唱しやすいように、歌いやすいように、語順を変えているのですね。düster は「薄暗い」という意味の形容詞です。am は an dem の融合形です。Ort は「場所」。an dem düstern Ort で「薄暗い場所にいる」です。

„ Mein Sohn, mein Sohn, (ich) seh' es genau;

私の息子よ、私の息子よ、私はそれをはっきりと見る（私にははっきり見えるとも）。

　seh' の「'」は省略の印で、ここでも省略されているのは e であり、(ich) sehe「私は見る」です。genau は「正確な、はっきりとした」という意味の形容詞で、ここでは「はっきりと」と副詞的に使われています。

(Es) scheinen (die alten Weiden) so grau. "

古い柳たちが、たいそう灰色に（陰気に）見えているのだよ。

　本当の主語（＝真主語）は (die alten Weiden)「古い柳たちが」です。alt（英語の old にあたる）は「古い」という形容詞。Weiden は Weide（英語の withe にあたる）「柳」の複数形です。文頭にある es は、「仮主語・文法的主語」と呼ばれるもの。ゲルマン語では長い主語を嫌うので、まずそれに代えて短い es を文頭に「仮主語」として置き、「真主語」はその後ろに飛ばすのです。so は「そんなに・たいそう」。grau（英語の gray にあたる）は「灰色の・陰気な」で、ここでは副詞的に使われています。scheinen は「現れる・見える」という意味の動詞です。

❼

„ Ich liebe dich, mich reizt deine schöne Gestalt:
Und bist du nicht willig, so brauch' ich Gewalt. "
„ Mein Vater, mein Vater, jetzt fasst er mich an!
Erlkönig hat mir ein Leids getan! "

(Ich) <u>liebe</u> dich, mich <u>reizt</u> (deine schöne Gestalt):

私はお前を愛している。私を、お前の美しい姿が刺激するのだ。

> (Ich) <u>liebe</u> dich, は「私はお前を愛している」（お前のことが気に入ってしまった）です。reizen は「刺激する」という意味の動詞です。mich「私を」がその前に置かれているのは、「私を刺激するのだ、この私を」と魔王が強調しているのですね。主語は (deine schöne Gestalt) です。「不定冠詞（類）・形容詞・名詞」の語順ですから、**類型**⑨の 3.「混合変化」の f 1 です。eine gute Mutter「あるよい母が」となっていますね。そのパターンで deine schöne Gestalt「お前の美しい姿が」となります。

Und <u>bist</u> (du) nicht willig, so <u>brauch</u>' (ich) Gewalt. "

もしお前にその気がないのなら、私は暴力を使うぞ（腕づくでも連れて行くぞ）。

> 前半が副文で、後半が主文です。ドイツ語では、副文で動詞は後置されます。ですから、この副文の本当の形は Und wenn (du) nicht willig <u>bist</u>, です。willig は「その気がある」。nicht が付いて「その気がない」です。副文をすべて合わせると、「もしお前が（に）その気がないのなら」という意味です。そして、副文を作る接続詞 wenn「もし」は、分かりきっているので省略され得ます。接続詞を省略したときは、動詞がその位置に持ち上がって置かれます。それでここでは <u>bist</u> (du) nicht willig, となっているのです。主文の brauch' の「'」も e の省略で、<u>brauche</u> (ich)「私は使う」です。Gewalt は「暴力を」です。

„ Mein Vater, mein Vater, jetzt fasst (er) mich an!

私のお父さん、私のお父さん、いま彼が僕に触ったよ。

> an|fassen は「触る」という意味の分離動詞です。前綴り an だけが文末へ飛ばされています。

(Erlkönig) hat mir ein Leids getan! "

魔王が僕に危害を加えたよ（ひどいことをしたよ）。

> 最後の getan は tun「する」という動詞の過去分詞です。「haben ＋ ... 過去分詞」で現在完了形です。ここでは hat ... getan で「〜した」になります。Leids は Leid「危害」の古形です。

❽

Dem Vater grauset's, er reitet geschwind,
Er hält in Armen das ächzende Kind,
Erreicht den Hof mit Müh' und Not;
In seinen Armen das Kind war tot.

Dem Vater grauset'(s), (er) reitet geschwind,

父はゾッとする恐怖を感じる。彼は急いで馬を飛ばす。

> grauset's は grauset es の略形です。動詞 grausen は、「人^{3}にゾッとする恐怖を与える」という意味です。人^3 は、ここでは dem Vater「父に」です。主語の es は「このこと」、つまり「『魔王が僕にひどいことをしたよ』と子供が叫んだこと」です。geschwind は「速い」という形容詞で、それをここでは「速く」「急いで」と副詞的に使っています。

(Er) hält in Armen das ächzende Kind,

彼は腕の中に、そのぜいぜいうめく子を抱きしめる。

(Er) hält で「彼は抱きしめる」。in Armen は「腕たちの中に」です。両手で父は少年を抱えているのですね。次の ächzend は「現在分詞」です。そこで、ここで「分詞」をコラムで少し見ておきます。

コラム❺ 分詞 ···

「分詞」は英語で participle と言います。part は「パートタイム」の「パート」で「部分・役割」という意味。-ciple はラテン語の動詞 capere「もつ・含む」の変化形です。この capere は、たとえば capatic y「収容可能人数」（つまり「もつ・含む」ことの可能な人数）の語源です。これを「キャパ」と略して、たとえば「あの体育館は 5000 人のキャパをもつ」などと言いますね。あの capa です。合わせて participle で、「『部分・役割』をもつ詞（ことば）」であり、その「分」と「詞」をとって「分詞」と造語されたのです。では「何の役割をもつ詞」なのかというと、「**形容詞の役割をもつ詞**」なのです。この決定的な「形容詞の」という説明が、この訳語には抜けているのです。そのことは英英辞典を引けば分かります。標準的な『オックスフォード英英辞典』で participle を引いてみると、(gram) verbal adjective qualifying nouns but retaining some properties of a verb「（文法用語）。名詞を修飾する形容詞的な準動詞で、動詞の性質を少し残しているもの」（610 頁）と説明されています。この participle を翻訳した明治時代の我々の先達は、漢文の素養が深かったので、これを「分詞」と訳したのですが、我々にはもはやそこまでの漢文の素養はないので、残念ながらこの「分詞」では分かりません。もしいま私がこの言葉を訳すなら、「動詞から作った形容詞」ということで、単純に「動形容詞」と訳したでしょう。ですから皆さんも「分詞」とあれば「動形容詞」と考えてもらえればよいと思います。さらに区分しておくと、「現在分詞」とは、「『現在』と『能動』の意味をもつ『分詞』」のことであり、「過去分詞」とは、「『過去』と『受動』の意味を持つ『分詞』」のことです。

ächzen は「ぜいぜいうめく」という意味の動詞です。動詞の後ろに **-d** を付けて、「ぜいぜいうめく**ヨウナ**」という現在分詞が作られています。ドイツ語のこの **-d** は、英語の **-ing** に相当します。たとえば英語の ache「痛む」という動詞の後に ing を付けて aching とすると「痛む**ヨウナ**」という形容詞ができます。これが英語版の「現在分詞」です。たとえば my aching body「私の痛む**ヨウナ**身体」です。この英語の **-ing** と、ドイツ語の **-d** は同じ働きをしています。

その現在分詞 ächzend の後ろに付いている e は形容詞語尾です。「定冠詞・形容詞・名詞」の語順ですから**類型**⑨の 2.「弱変化」を見てください。その n 4 を見ると、das gute Kind（n 4）「そのよい子を」となっています。ここにある gut は「生まれながらの形容詞」ですが、ächzend は、「もとは動詞であり、その動詞から作った形容詞」です。成り立ちは違いますが、形容詞という資格においては gut も ächzend も同資格です。で、その gut を ächzend で置き換えて形容詞語尾 e を付けると、das ächzende Kind（n 4）で、「そのぜいぜいうめく子を」となります。

Erreicht den Hof（m 4）mit Müh'（f 3）und Not（f 3）;

（彼は）やっとのことで屋敷にたどり着く。

主語は 2 行目の er（＝父）が続いています。erreichen は「到達する・たどり着く」という意味の動詞です。Hof（m）は「（家畜小屋付きの大きめの農家の）屋敷」で 4 格です。日本語では「屋敷にたどり着く」のように「〜に」と言うので 3 格の語感なのですが、erreichen は他動詞なので 4 格を要求するのです。mit は 3 格支配の前置詞。Müh' は Mühe（f）「苦労」の略形で、Not（f）（英語の need にあたる）は「困苦」です。そこでこの mit Müh'（f 3）und Not（f 3）を直訳すると「苦労や困苦と共に」となりますが、これは熟語的に「苦心惨憺の末・やっとのことで」と訳されます。

In seinen Armen（m pl 3）(das Kind（n 1）) war tot.

彼の腕の中で、子供は死んでいた。

war は、動詞 sein「〜である」の過去形で「〜だった」です。Arme^{m pl}
が Arm^m「腕」の複数なので、父親が両手で子供を抱いていることが分か
ります。形容詞 tot（英語の dead にあたる）は「死んでいる」です。少
年は父の両手の中で、もう冷たくなっていたのです。

狩人の合唱
── 歌劇『魔弾の射手』より ──

Jägerchor

筆者の目についた「狩人の合唱」の URL を、以下に 4 つ挙げておきます。

楽譜とドイツ語歌詞を見ながら聞けるヴァージョン

https://youtu.be/LW4m4NGaWqE

南部ドイツの民族衣装を着た男性合唱団が、草原で歌っているヴァージョン

https://youtu.be/ut6QVZzAtJc

歌劇『魔弾の射手』全体（英語字幕）のヴァージョン（「狩人の合唱」は 1 時間 38 分頃開始）

https://youtu.be/G8GFvzxLq4Y

和訳された歌詞を日本の合唱団（マトゥーリ男性合唱団）が歌っているヴァージョン

https://youtu.be/uAvCwwZlHDE

Jägerchor

狩人の合唱 ― 歌劇『魔弾の射手』より ―

❶

Was gleicht wohl auf Erden dem Jäger-
vergnügen?
Wem sprudelt der Becher des Lebens so
reich?
Beim Klange der Hörner im Grünen zu
liegen,
Den Hirsch zu verfolgen durch Dickicht
und Teich,
ist fürstliche Freude, ist männlich
Verlangen,
Erstarket die Glieder und würzet das
Mahl.
Wenn Wälder und Felsen uns hallend
umfangen,
Tönt freier und freud'ger der volle Pokal!
Jo ho tra la la la la ... !

❷

Diana ist kundig, die Nacht zu erhellen,
Wie labend am Tage ihr Dunkel uns
kühlt.
Den blutigen Wolf und den Eber zu
fällen,
Der gierig die grünenden Saaten durch-
wühlt,
ist früstliche Freude, ist männlich
Verlangen,

Erstarket die Glieder und würzet das Mahl.
Wenn Wälder und Felsen uns hallend umfangen,
Tönt freier und freud'ger der volle Pokal!
Jo ho tra la la la la … !

この原詩を直訳すると、以下になります。

──────── 直 訳 ────────

❶
一体何がこの世で狩人の楽しみに等しいだろう？（狩人の楽しみよりも素晴らしいものがこの世にあろうか？　いや、ない）。
誰に、生命の杯はこれほど豊かに沸き立つだろう？（狩人にさ）
緑野の中で、角笛たちの響きのもとで横たわる（横になって身を潜める）ことは、
茂みや沼を通って鹿を追いかけることは、
王侯貴族の喜びであり、男らしい望みである。
手脚を強くし、食事を味付けする（おいしくする）。
森林や岩山が、我々を鳴り響きながら包み込むとき、
満々と注がれた酒杯は、より自由に、より喜ばしく、鳴り響く。
ヨッホー、トララララ …！

❷
ディアナは、夜を明るくすることに精通している。
昼間には、彼女の暗闇が我々をどれほど元気づけ涼しくしてくれることか。
血に飢えた狼と、緑なす畑をほじくり返す猪を倒すことは、
王侯貴族の喜びであり、男らしい望みである。
………　（繰り返し）

では以下で、なぜこういう直訳になるのかを見てゆきましょう。

❶

Was gleicht wohl auf Erden dem Jägervergnügen?
Wem sprudelt der Becher des Lebens so reich?
Beim Klange der Hörner im Grünen zu liegen,
Den Hirsch zu verfolgen durch Dickicht und Teich,
ist fürstliche Freude, ist männlich Verlangen,
Erstarket die Glieder und würzet das Mahl.
Wenn Wälder und Felsen uns hallend umfangen,
Tönt freier und freud'ger der volle Pokal!
Jo ho tra la la la la ... !

(Was) gleicht wohl auf Erden dem Jägervergnügen?

一体何がこの世で狩人の楽しみに等しいだろう？（狩人の楽しみよりも素晴らしいものがこの世にあろうか？　いや、ない）。

　was（英語の what にあたる）は疑問代名詞で「何が」。gleichen は「物³に等しい」という動詞で、3 格を要求します。wohl は「陳述内容の現実度に対する話し手の判断・評価を示して：おそらく、たぶん、きっと、たしかに」(『独話大辞典』2564 頁) という言葉で、ここでは「一体」と訳しておきます。auf Erden は雅語で「この世で」。Erde(英語の earth にあたる) は「大地・地球」という意味ですが、そこから「現世・この世」という意味が派生しました。Erden と n が付いているのは「単数 3 格の古形」です。Jägervergnügen の Jäger は、jagen「追い立てること」をする人、で「狩人」。Vergnügen は動詞 vergnügen「楽しませる」をそのまま大文字にした中性名詞で「楽しみ」。前後を合わせて Jägervergnügen は「狩人の楽しみ」です。前半は m で後半は n なので、全体の性は n です。これが先程の gleichen が要求した 3 格名詞で、gleichen dem Jägervergnügen で「狩人の楽しみに等しい」ということです。

Wem sprudelt (der Becher des Lebens) so reich?

誰に、生命の杯はこれほど豊かに沸き立つだろう？（狩人にさ）

wem（英語の whom にあたる）は疑問代名詞で「誰に」。sprudeln は「（液体が）沸き立つ」。Becher（英語の beaker, pitcher にあたる）は「杯」。Leben（英語の life にあたる）は、動詞 leben（英語の live にあたる）「生きる」をそのまま大文字にして作られた中性名詞で「生命」。der Becher des Lebens で「生命の杯」です。so は英語の so にあたり「そんなに・これほど」。reich（英語の rich にあたる）は「豊かに」です。

(Beim Klange der Hörner im Grünen zu liegen),

緑野の中で、角笛たちの響きのもとで横たわる（横になって身を潜める）ことは

まず後ろにある zu liegen に注目してください。これは「zu 不定詞」（英語の to 不定詞）で、動詞から「名詞」か「形容詞」を作る用法です。コラムで簡単に、この用法を説明しておきます。

コラム❻　zu 不定詞（英語の to 不定詞）･･･････････････････････････

動詞の不定詞の前に zu（英 to）を置くと、動詞から、①**名詞**と②**形容詞**が作れます。

①「**名詞的用法**」は「〜するコト」と訳します。

②「**形容詞的用法**」は「〜するヨウナ」と訳します。

皆さんご存知の「英語の to 不定詞」と照らし合わせると分かりやすいので、上段に英語を、下段にドイツ語を書いて見てゆきます。

①「**名詞的用法**」「私は計画している、ドイツ語を学ぶコトを」

英：I　plan　to learn German.

独：(Ich) plane. Deutsch zu lernen.

動詞 planen「計画する」の目的語（4 格名詞）は、zu lernen「学ぶコト」です。Deutsch は、その lernen「学ぶ」の目的語です。

英語とドイツ語の違い

　○ドイツ語では、「zu 不定詞句」と「それ以外の部分」とをコンマ「,」
　　で切ります。

　○ドイツ語では、「zu 不定詞」を <u>zu 不定詞句の最後</u>に置きます。

　zu 不定詞は、ほとんどがこの「名詞的用法」なので、まずこれを使っ
て大まかな説明をしておきます。

　まず注意してほしいのは、この zu 不定詞で使う zu は、「3 格支配の前
置詞の zu^{+3}」ではない、ということです。たとえば Ich gehe zum Arzt$^{+3\ m3}$ (=
zu dem Arzt$^{+3\ m3}$). 「私は医者へ行く」（医者にかかる）の場合、この zu は「3
格支配の前置詞の zu^{+3}」で、後ろの名詞 dem Arzt^{m3} を 3 格で支配しています。
そもそも「前置詞」とは「名詞・代名詞の**前に置**かれる**詞**<ことば>」です。でも
zu 不定詞の場合は、zu の後ろには名詞ではなく動詞が来ます。だからこ
れは、前置詞としての zu ではないのです。

　そもそもの起源としては「前置詞の zu」を使ってこの用法が作られた
らしいのですが、現在ではそんなことを意識している人は一人もいませ
ん。この zu は「後ろに 3 格を要求する」というもとの働きを全く失って
いますし、またこの「zu 不定詞の名詞的用法」（～するコト）は、1 格に
も 2 格にも 3 格にも 4 格にもなり得ます。ですから、「zu 不定詞の zu」
と「前置詞の zu」は別物だと考えてください。

　Ich plane, Deutsch zu lernen. で考えると、この $\boxed{\text{zu lernen}^{n4}}$ 全体で、
「学ぶコト」という名詞になります。ですからここにある zu は、「動詞か
ら名詞・形容詞を作ったことを示す目印」つまり「ただの記号」だと考
えておくのが、事柄に合った理解の仕方だと思います。

　この例文 Ich plane, Deutsch^{n4} zu lernen. 「私はドイツ語を学ぶコトを
計画している」で言うと、planen「計画する」という動詞の 4 格目的語が、
zu lernen「学ぶコト**を**」です。さらにその lernen という動詞の 4 格目的
語が、Deutsch^{n4}「ドイツ語**を**」です。つまり zu lernen は「4 格名詞」の
役割を果たしているのです。ですからそのことを、動詞の上にルビで書
いておきましょう。

　「名詞」は英語で noun です。「形容詞」は adjective です。その頭文字
を使いましょう。でも小文字の n を使うと「中性名詞」の n と混同され

るので、「大文字のN」を使って「名詞的用法」を表し、「大文字のA」を使って「形容詞的用法」を表しましょう。「名詞的用法」の場合は「格」もありますから、それも書きましょう。この例文の場合は「学ぶコト**を**」なので4格です。だから動詞の上へN4と書くと、

(Ich) plane, Deutsch zu lernen.「私はドイツ語を学ぶコト**を**計画している」となります。N1の例文は、この歌の中にあります。詳しい説明はその箇所を見てもらうことにして、ここではzu不定詞に注目して簡単に見ておきます。

(Den Hirsch zu verfolgen) ist fürstliche Freude.

動詞verfolgenは「追いかける」という意味です。その前にzuが付いてzu verfolgenで「追いかけるコト」。前後関係で、ここは「追いかけるコト**は**」なのでN1であり、それでzu verfolgenとなります。何を追いかけるのかというとden Hirsch「鹿を」です。合わせてden Hirsch zu verfolgenで「鹿を追いかけるコト**は**」となります。ist fürstliche Freudeは「〜は王侯貴族の喜びである」ということです（詳しくは本文で）。それでこの例文は、「鹿を追いかけることは、王侯貴族の喜びである」となるのです。

② 「形容詞的用法」「私は計画をもっている、ドイツ語を学ぶヨウナ」

　英：I　　have　　a plan　to learn German.
　独：(Ich) habe einen Plan, Deutsch zu lernen.

このDeutsch zu lernen「ドイツ語を学ぶヨウナ」という「ワンセットの形容詞」は、「コンマの前にある名詞」Plan（＝計画）を修飾して「ドイツ語を学ぶヨウナ計画」となっています。それで「形容詞的」な用法なのです。

「名詞的用法」と「形容詞的用法」の見分け方

(Ich) plane,　　　　　　　Deutsch zu lernen.
(Ich) habe einen Plan, Deutsch zu lernen.

コンマ「,」の直前にあるのが「動詞」なら、そのzu不定詞は「名詞的用法」（N）であり、コンマ「,」の直前にあるのが「名詞」なら、そのzu不定詞は「形容詞的用法」（A）です。

（ Beim Klange[m3] der Hörner[npl2] im Grünen[n3] zu liegen[N1] ）の動詞 liegen（英語の lie にあたる）は、「横たわる」です。ということは zu liegen は to lie にあたり、「横たわるコト」（名詞的用法）か「横たわるヨウナ」（形容的用法）のどちらかになります。どちらなのかは文の前後関係で判断するのですが、ここは「横たわるコト」という名詞（N）になっています。そしてここでは「横たわるコトは…だ」と言いたいので、この N は主語つまり 1 格です。それで zu liegen[N1] となります。その「横たわるコト」をめぐる詳しい状況説明は、英語では to 不定詞の後ろに付きますが、ドイツ語では zu 不定詞の前に付きます。beim は bei dem（英語の by the にあたる）の省略形で「〜のもとで」です。この bei については類型⑧の「3 格支配」のところに書かれています。Klang[m] は、動詞 klingen（英語の clink にあたる）「鳴り響く」から en を取り去って作った名詞（そのとき語幹の i が a に変音しました）で「響き」です。先に見た Leben のように「動詞 leben をそのまま大文字にして作った名詞」は「中性名詞」になりますが、Klang[m] のように「動詞 klingen から語尾 en を取り去って作った名詞」は「男性名詞」になります。その Klange の e は、少し前までのドイツ語の男性名詞・中性名詞の 3 格の後ろに付いていた e で、現在は使われていません。der Hörner[npl2] は Horn「ホルン・角笛」の複数 2 格で「角笛たちの」です。合わせて beim Klange[m3] der Hörner[npl2] で「角笛たちの響きのもとで」。im Grünen[n3] は「緑の自然、緑野の中で」です。その単数 1 格の形は das Grüne[n1] で、これは「形容詞変化」をする中性名詞です。つまり後ろに中性名詞 Ding「物」があると考えて、この正式の形は das grüne Ding[n1] なのです。「定冠詞・形容詞・名詞」の語順なので、これについては類型⑨の 2.「弱変化」を見てください。その n 3 は dem guten Kind[n3] ですね。gut を grün「緑の」で置き換え、Kind を Ding で置き換えると dem grünen Ding[n3]「緑の物に」となり、Ding を省略し、形容詞を大文字にして名詞化すると dem Grünen[n3] となり、in dem を im にすると im Grünen[n3]「緑の物（＝緑野）の中で」となります。この行全体が名詞句で、3 行目の ist ... の主語になっているのです。

(Den Hirsch[m4] zu verfolgen[N1] durch Dickicht[n4] und Teich[m4]),

茂みや沼を通って鹿を追いかけることは、

　コラムで見たのはここです。zu verfolgen[N1] で「追いかけるコトは」。何をかというと den Hirsch[m4]「鹿を」です。つまり den Hirsch zu verfolgen[N1] で「鹿を追いかけることは」。どこを通って追いかけるのかというと、durch（英語の through にあたる）は＋4の前置詞であり、Dickicht[n4]（英語の thicket にあたる）は「茂み」であり、Teich[m4] は「沼」であり、durch Dickicht und Teich[m4] で「茂みや沼を通って」となります。

ist fürstliche Freude[f1], ist männlich Verlangen[n1],

（そういう狩猟こそ）王侯貴族の喜びであり、男らしい望みである。

　上の2行の主語を、ここで受けます。fürstlich とは「Fürst[m] の」という意味の形容詞です。その Fürst（英語の first にあたる）は「身分が第一の者」ということで、細かくは「侯爵」を、広くは「王侯貴族」を指します。Freude[f1] は「喜び」です。それで、ist fürstliche Freude[f1] で「〜は王侯貴族の喜びである」となります。männlich（英語の manly にあたる）は「男らしい」という形容詞。Verlangen[n1] は動詞 verlangen「望む」をそのまま大文字にした中性名詞で「望み」。「形容詞・名詞」の語順なので、**類型⑨**の1.「強変化」です。その n1 を見ると gutes Kind[n1] となっていますから、その es がここにも付いて männliches Verlangen[n1] となるはずです。しかしこの es を付けると発音が窮屈になるのでしょう。ここでは省略されています。それで、ist männlich Verlangen[n1] で「〜は男らしい望みである」となります。

Erstarket die Glieder[npl4] und würzet das Mahl[n4].

（そういう狩猟こそ）手脚を強くし、食事を味付けする（おいしくする）。

　erstarken は「強くする」。Glieder[npl4] は Glied「手脚」の複数4格。würzen は「〜を（スパイスで）味付けする」。Mahl[n] は「食事」です。

Wenn (Wälder und Felsen) uns hallend umfangen,

森林や岩山が、我々を鳴り響きながら包み込むとき、

　　wenn は「〜のとき」という接続詞で副文を作るので、動詞は後置されます。それが umfangen「包み込む」です。Wälder は Wald「森」の複数形であって「森林」です。Felsen は Felsen「岩山」の複数形で同形。hallend は hallen「鳴り響く」という動詞の後ろに d が付いた「現在分詞」。ここはそれが単独で使われているのでいわゆる「分詞構文」で、「鳴り響きながら」です。狩猟の際に狩人たちが信号として吹き鳴らす角笛が、森中に鳴り響いているのです。

Tönt freier und freud'ger (der volle Pokal)！

満々と注がれた酒杯は、より自由に、より喜ばしく、鳴り響く。

　　Wenn (Wälder und Felsen) uns hallend umfangen, という副文全体を、主文全体である「…＿＿（　）」の中の「…」にあたると見なすので、類型③の「定動詞 第2位」の法則に従って、副文の後にまず動詞が来ます。tönen は、Ton「音響」がする、という意味で「鳴り響く」。freier は frei（英語の free にあたる）「自由に」の比較級で「より自由に」。freud'ger も freudig「喜ばしく」の比較級で「より喜ばしく」。freud'ger にある「'」は、ここでは i を省略したという印です。この i があると freudiger で「フロイディガー」と発音され、freud'ger は「フロイトガー」と発音されます。こちらの発音の方が、ドイツ人にとっては心地よいのですね。形容詞 voll（英語の full にあたる）は「満ち満ちた」で、ビールが満々と注がれているのです。Pokal は「（特に貴金属でできた高価な）脚つきの酒杯」です。der volle Pokal は、類型⑨の 2.「弱変化」の m 1 の der gute Vater のパターンで「満々と注がれた酒杯は」です。

Jo ho tra la la la la ...！

この「ヨッホー、トララララ…」は、狩人たちが皆と一緒に歌って
ビールを飲んで気分が高揚したときに歌う、勇壮な囃子詞（はやしことば）
です。

❷

Diana ist kundig, die Nacht zu erhellen,
Wie labend am Tage ihr Dunkel uns kühlt.
Den blutigen Wolf und den Eber zu fällen,
Der gierig die grünenden Saaten durchwühlt,
ist früstliche Freude, ist männlich Verlangen,
Erstarket die Glieder und würzet das Mahl.
Wenn Wälder und Felsen uns hallend umfangen,
Tönt freier und freud'ger der volle Pokal!
Jo ho tra la la la la ... !

(Diana) ist kundig, die Nacht zu erhellen,

ディアナは、夜を明るくすることに精通している。
（ディアナは狩りだけでなく月の女神でもあるので、月が狩場を照らしてくれる、と言って
いるのでしょう）

　Diana は、ドイツ語発音すると「ディアナ」、英語発音すると「ダイア
ナ」で、「ギリシア神話の狩猟の女神」です。kundig は「〜に精通した」
という意味の形容詞で、その「〜」として 2 格名詞を要求します。たと
えば Er ist der deutschen Sprache kundig.「彼はドイツ語に精通して
いる」（『独和人辞典』1301 頁）。ここでは die deutsche Sprache「ドイツ語」
の 2 格 der deutschen Sprache を使っています。ということは、その後
にある zu 不定詞（名詞的用法です）も、この「2 格名詞」の役割を果た
しているのです。ですから zu erhellen になります。erhellen は「明るく
する」ですから「ディアナは明るくするコトに精通している」となります。
何を明るくするのかというと die Nacht「夜を」です。

Wie labend am Tage (ihr Dunkel) uns kühlt.

昼間には、彼女の暗闇が我々をどれほど元気づけ涼しくしてくれることか。

今度は「昼間」の話です。wie は英語の how にあたる言葉で「どれほど」。labend は動詞 laben「元気づける」に d が付いた「現在分詞」で、単独で使う「分詞構文」なので「元気づけつつ」という意味になります。am Tage は「昼間には」という意味。Tage と Tag の後に e が付いているのは先述の、少し古いドイツ語の名詞 m 3 や n 3 に付いた e です。Dunkel は形容詞 dunkel（英語の dark にあたる）「暗い」をそのまま大文字にして作った中性名詞で「暗闇」。動詞だけでなく形容詞も、そのまま大文字にして名詞化すると中性名詞になります。その前の ihr は類型⑦の「ihr（her）彼女の」です。n 1 を見ると ein Kind と無語尾です。それゆえ、この ein に ihr を代入して ihr Dunkel で「彼女の暗闇は」となります。kühlen（英語の cool にあたる）は「涼しくする」という動詞です。

(Den blutigen Wolf und den Eber zu fällen,

血に飢えた狼と猪を倒すことは、

先程と同じく zu 不定詞の名詞的用法です。fällen は fallen（英語の fall にあたる）「落ちる」を「～させる」という使役形にした動詞で「落とす・倒す」です。zu fällen で「倒すコトは」。何を倒すのかというと、den Wolf und den Eber「狼と猪を」です。その狼に付いている形容詞 blutig（英語の bloody にあたる）は、Blut（英語の blood にあたる）「血」の形容詞形で「血まみれの・血に飢えた」という意味です。「定冠詞・形容詞・名詞」の語順ですから類型⑨の 2.「弱変化」で、その m 4 を見ると den guten Vater「よい父を」です。その en がこちらにも付いて、den blutigen Wolf「血に飢えた狼を」となります。

(Der) gierig die grünenden Saaten durchwühlt),

（その猪は）緑なす畑をほじくり返す。

3行目で見た Eber「猪」を、さらに der（関係代名詞 m 1）を使って説明します。gierig は「貪欲に」。Saaten は Saat（英語の seed にあたる）「種」の複数形です。そこに付く grünend は、雅語の動詞 grünen「緑色になる」（英語の green にあたる）に d を付けて現在分詞「緑色になるヨウナ（＝緑なす）」にしたものです（英語の greening にあたる）。「定冠詞・形容詞・名詞」の語順ですから類型⑨の 2.「弱変化」で、その pl 4 を見ると die guten Kinder「よい子供たちを」です。その en がこちらにも付いて、die grünenden Saaten「緑なす種たち（＝畑）を」となります。durchwühlen は「ほじくり返す」。まとめると、「（その猪は）緑なす畑をほじくり返す」。となります。そしてこの 2 行をまとめると、「血に飢えた狼と、緑なす畑をほじくり返す猪を倒すことは」となるのです。

　肉食動物である「狼」は畑を荒らしたりしませんから、4 行目の関係代名詞 m 1 の der は、「猪」だけを指しているのですね。そしてこの 2 行が、長いワンセットの主語になって、「（そういう狩猟こそ）王侯貴族の喜びであり…」と、❶番と同じリフレインがこのあとも勇壮に続いてゆくのです。

第九

（ベートーヴェン　交響曲第九番
第四楽章「An die Freude 喜びに寄す」）

An die Freude

筆者の目についた「第九」の URL を、以下に 4 つ挙げておきます。

「欧州連合の讃歌」として歌われているヴァージョン（ただし歌詞❷❸のみ）

https://youtu.be/lJ733tjucq4

ドイツ語の原詩と英訳とを並べて視聴できるヴァージョン

https://youtu.be/4pbMUEHvoAo

伝説の指揮者フルトヴェングラーの 1942 年ライブ（歌は 6 分 35 秒頃開始）のヴァージョン

https://youtu.be/xJXjC254Els

佐渡裕氏が 2011 年に指揮した「一万人の第九」のヴァージョン

https://youtu.be/X6s6YKITpfw

第九（ベートーヴェン　交響曲第九番　第四楽章「An die Freude 喜びに寄す」）

An die Freude

[Ode] An die Freude

❶

O Freunde, nicht diese Töne!
Sondern lasst uns angenehmere
Anstimmen, und freudenvollere.

❷

Freude, schöner Götterfunken,
Tochter aus Elysium.
Wir betreten feuertrunken,
Himmlische, dein Heiligtum!
Deine Zauber binden wieder,
Was die Mode streng geteilt;
Alle Menschen werden Brüder,
Wo dein sanfter Flügel weilt.

❸

Wem der große Wurf gelungen,
Eines Freundes Freund zu sein,
Wer ein holdes Weib errungen,
Mische seinen Jubel ein!
Ja, wer auch nur eine Seele
Sein nennt auf dem Erdenrund!
Und wer's nie gekonnt, der stehle
Weinend sich aus diesem Bund!

4

Freude trinken alle Wesen
An den Brüsten der Natur;
Alle Guten, Alle Bösen
Folgen ihrer Rosenspur.
Küsse gab sie uns und Reben,
Einen Freund, geprüft im Tod;
Wollust ward dem Wurm gegeben,
und der Cherub steht vor Gott.

5

Froh, wie seine Sonnen fliegen
Durch des Himmels prächt'gen Plan,
Laufet, Brüder, eure Bahn,
Freudig, wie ein Held zum Siegen.

6

Seid umschlungen, Millionen!
Diesen Kuss der ganzen Welt!
Brüder, über'm Sternenzelt
Muss ein lieber Vater wohnen.

7

Ihr stürzt nieder, Millionen?
Ahnest du den Schöpfer, Welt?
Such' ihn über'm Sternenzelt!
Über Sternen muss er wohnen.

前ページの原詩を直訳すると、以下になります。

──────────── 直 訳 ────────────

喜びへの頌歌

❶
おお、友人たちよ。こんな音たちを、ではないんだ。
そうではなく、君たちよ、我々をして、もっと心地のよい、
もっと喜びに満ちた音たちを、歌い出さしめよ。
（もっと心地よく喜びに満ちた音たちを、歌い始めようじゃないか）

❷
喜びよ、美しい神々の火花よ、
至福の国から来た娘よ。
我々は、感激で酔ったようになって、足を踏み入れるのだ、
神々しい喜びよ、お前の聖域に。
お前の魔法たちは、再び結びつけるのだ、
流行・時代が厳しく分断したものを。
すべての人間たちは、兄弟たちになるのだ、
お前の穏やかな翼が、しばらくとどまるところでは。

❸
およそある人に、ある友人の友人になるという偉大な仕事が成功したなら、
そういう人は誰でも、
〔また〕およそ一人の優しい女性を得た人は誰でも、
彼の歓喜を混ぜよ（喜びの声を一つに混ぜ合わせよう）。
そうだ、この全世界でただ一つの魂であっても、
それを彼のものと呼べる人も誰でも（喜びの声を一つに混ぜ合わせよう）。
そして、およそそれを一度もできなかった人は誰でも、そういう人は、
泣きながら、こっそりとこの仲間から出てゆくがよい。

❹

喜びを、すべての存在者たちは飲む、
自然の乳房たちにおいて。
すべての善人たちと、すべての悪人たちは、
自然のバラの（ように素晴しい）痕跡に従う（を追いかける）。
自然は我々に、キスとワインを与えた、
そして、死において試された一人の友人を。
恍惚は虫けら（のような人間）にも与えられた。
そして智天使ケルビムは神の前に立つ。

❺

万歳、神の星たちが、
天空の壮麗な軌道を通って飛んでいるように、
兄弟たちよ、君たちの道を走れ、
喜びつつ、英雄が勝利へと（走るように）。

❻

抱き合おう、何百万もの人々よ、
このキスを全世界へ。
兄弟たちよ、星空の上には、
ある親愛なる父（＝神）が住んでおられるに違いない。

❼

君たちは跪くのか、数百万の人々よ？
お前は創造主を感じるか、世界よ？
星空の上に、彼を探し求めよ、
星々の上に、彼（＝神）は住んでおられるに違いない。

では次で、なぜこういう直訳になるのかを見てゆきましょう。

解 説

〔Ode〕An die Freude

〔Öde〕 An die Freude
^f1 ^f4

喜びへの頌歌

　Öde とは「頌歌」で、「あるものを讃えるために読まれる詩、歌われる歌」です。何を讃えるかは 4 格支配の an によって「方向」と共に表され、それは Freude「歓喜・喜び」へと向かうのです。それで「喜びへの頌歌」となります。

❶

O Freunde, nicht diese Töne!

Sondern lasst uns angenehmere

Anstimmen, und freudenvollere.

O Freunde, nicht diese Töne!
^m pl 1 ^m pl 4

おお、友人たちよ、こんな音たちを、ではないんだ。

　O は「おお！」という間投詞です。Freunde は Freund「友人」の複数形「友人たち」です。これは「呼びかけ」の 1 格で、「友人たちよ」です。diese は、類型⑥「定冠詞類」の「dieser（this）この」の格変化形です。Töne は Ton「音」の pl 4 で「音たちを」。類型⑥の pl 4 を見ると die Kinder「その子たちを」ですね。その di に dies を代入し、Kinder を Töne で置き換えると、diese Töne で「この音たちを」となり、nicht が付いているので、「この音たちを、ではなく」です。それで、「おお、友人たちよ、こんな音たちを、ではないんだ」となります。では「どんな音たちを？」なのかは、次の行に書いてあります。

62

Sondern lasst uns angenehmere Anstimmen, und freudenvollere.

そうではなく、君たちよ、我々をして、もっと心地のよい、

もっと喜びに満ちた音たちを、歌い出さしめよ。

（もっと心地よく喜びに満ちた音たちを、歌い始めようじゃないか）

　　sondern は「そうではなく」という接続詞。その次の lassen（英語の let にあたる）は助動詞で、「～させる」という意味です。この lasst という形は ihr「君たち」に対する命令形です。これは動詞の不定詞とワンセットで使われ、その不定詞が an|stimmen「歌い出す」です。つまり lasst ... an|stimmen で「君たち、歌い出させよ」と命令しているのです。誰にそうさせるかは「人間を表す 4 格」を取ります。漢文でいう「誰々をして、～せしめる」という場合の「誰々をして」です。この場合の 4 格は uns「我々をして」です。これは「君たちよ、我々をして歌い出さしめよ」つまり「我々は歌い出そうじゃないか」と言っているのです。これは英語でいう Let's ... という形にあたります。では何を歌い出すのかというと、それをまた 4 格名詞で表します（英語の SVOC にあたる形です）。それが 1 行目の Töne「音たちを」なのです。「どんな音たちを」かというと、その前に形容詞が付いています。まず angenehm は「心地よい」という形容詞で、そこに「比較級」を表す -er がついて angenehmer で「もっと心地よい」です。その後ろに付く e は「形容詞・名詞」の語順なので、類型⑨の 1.「強変化」の pl 4 を見ると gute Kinder「よい子たちを」とありますね。その gut に angenehmer を代入し、Kinder を Töne で置き換えると、angenehmere Töne「もっと心地よい音たちを」となります。その下の freudenvollere も同じことで、その原形は freudenvoll という形容詞です。まず Freude は「喜び」です。-voll（英語の -full にあたる）は「～で満ちた」という意味です。合わせて freudenvoll で「喜びに満ちた」という形容詞になります。それに -er という比較級の語尾が付いて freudenvoller で「もっと喜びに満ちた」となり、その後に形容詞語尾 e が付いて、freudenvollere Töne で、「もっと喜びに満ちた音たちを」となります。そして最後にこの Töne が略されるのです。

それで全体は、「そうではなく、君たちよ、我々をして、もっと心地のよい、もっと喜びに満ちた音たちを、歌い出さしめよ」となります。この❶は、シラーの詩に、ベートーベンが付け加えた部分です。次の❷以下が、シラー自身の詩です。

❷

Freude, schöner Götterfunken,
Tochter aus Elysium.
Wir betreten feuertrunken!
Himmlische, dein Heiligtum!
Deine Zauber binden wieder,
Was die Mode streng geteilt;
Alle Menschen werden Brüder,
Wo dein sanfter Flügel weilt.

Freude, schöner Götterfunken,
Tochter aus Elysium.

喜びよ、美しい神々の火花よ、
至福の国から来た娘よ。

　この詩は 2 行でワンセットになっているので、以下ではそうして見てゆきます。Freude は「喜び」で、「呼びかけ」の 1 格なので「喜びよ」です。schön は「美しい」という意味の形容詞。Götterfunken の前半の Götter は、Gott「神」の複数形で「神々」。後半の -funken は Funke「火花」。前後を合わせて「神々の火花」という意味の合成名詞です。2 つ以上の名詞を合成して 1 つの合成名詞を作る場合、その合成名詞全体の性は、最後の名詞で決まります。この場合は、後半の Funke で決まるので、この Götterfunken 全体は「男性名詞」です。これも「呼びかけ」の 1 格です。つまり Freude「喜び」に対して、「おお、神々の火花よ」と、人間が感

動しながら呼びかけているのです。

「あれ？」と思うのは、Götterfunken の -en という語尾です。Funke を辞書で引いてみると、これは男性弱変化名詞で、〔男、2格 -ns, 3格 -n, 4格 -n, 複数 -n〕とあります。つまり、Funke という形になるのは単数1格だけであり、語末に n の付いた Funken という形は、単数3格か4格か複数である、と書かれているのです。でも意味から言えば、これは単数1格で「神々の火花よ」と呼びかけているとしか思えません。ですから -funke のはずです。Götterfunke ではなく Götterfunken になっている理由は恐らく、3行目が -trunken と -en で終わっているので、それと韻を踏んでこちらも -funken という形にしたのでしょう。そしてこの名詞の前には schön という形容詞があり、「形容詞・名詞」の語順ですから、この形容詞は**類型⑨**の1.「強変化」で、その m 1 は guter Vater「よい父が」となっています。その gut を schön で置き換え、Vater を Götterfunken で置き換えると、schöner Götterfunken「美しい神々の火花よ」となり、これで「呼びかけ」の1格となります。

2行目の Tochter「娘」も「呼びかけ」の1格で「娘よ」です。aus は +3 の前置詞で「～から外へ・～から来た」という意味。Elysium は「ギリシア神話でいう『至福の園』」で、aus によって3格支配され、Tochter aus Elysium で「至福の国から来た娘よ」となります。

それで全体は、「喜びよ、美しい神々の火花よ、至福の国から来た娘よ」となります。

(Wir) betreten feuertrunken,
Himmlische, dein Heiligtum!

我々は、感激で酔ったようになって、足を踏み入れるのだ、
神々しい喜びよ、お前の聖域に。

(Wir) betreten で、「我々は～に足を踏み入れる」です。日本語では「～に」ですから3格という語感ですが、betreten は他動詞なので4格名詞を要求します。その4格名詞は次の行にあります。feuertrunken の前半の Feuer（英語の fire にあたる）は、「火」という意味です。ここでは「火酒」

つまりブランデーです。後半の -trunken は trinken（英語の drink「（酒を）飲む」にあたる）から来ています。この trinken の三基本形は trinken, trank, getrunken で、最後の過去分詞 getrunken の形を使っています。過去分詞は「受動形の形容詞」ですから、feuertrunken で「火酒によって飲まれて」つまり「強い酒を飲んで（＝感激で）酔ったようになって」ということになります。

2 行目の himmlisch は、Himmel（英語の heaven にあたる）「天国」の形容詞形で、「天国のような、神々しい」という意味です。これの後には Freude「喜び」が省略されていて、「神々しい喜びよ」という呼びかけの 1 格です。himmlische Freude ですから「形容詞・名詞」の語順で、**類型**⑨の 1.「強変化」で、f 1 を見ると gute Mutter です。この e が himmlische Freude の e です。次の dein Heiligtum は「お前の聖域を」です。dein は**類型**⑦「不定冠詞類」で、その n 4 を見ると ein Kind「ある子を」になっています。その ein に dein を代入し、Kind を Heiligtum で置き換えて dein Heiligtum で「お前の聖域を」です。上の行の betreten が要求する「4 格目的語」がこれです。合わせて (Wir) betreten ... dein Heiligtum で「我々は、お前の聖域に足を踏み入れる」となります。

それで全体は、「我々は、感激で酔ったようになって、足を踏み入れるのだ、神々しい喜びよ、お前の聖域に」となります。

(Deine Zauber) binden wieder,
Was (die Mode) streng geteilt;

お前の魔法たちは、再び結びつけるのだ、
流行・時代が厳しく分断したものを。

Zauber は「魔法」です。その前の dein は先に見た**類型**⑦の dein「お前の」です。m 1 を見ると、ein Vater「ある父が」で、ein は無語尾です。しかし原文には deine Zauber と e が付いています。ということは、この Zauber は pl なのです。表の pl 1 は meine Kinder と「不定冠詞類」は e で終わっています。deine Zauber の e はこの e であり、これは「お前

の魔法たちは」という意味になります。binden wieder は「再び結びつける」です。何を結びつけるのかは、2行目にあります。その2行目の was は、「魔王」の❹番でも見た「不定関係代名詞」で、das Ding, das と分解するタイプの関係代名詞です。分解すると、こうなります。

(Deine Zauber) [m pl 1] binden wieder das Ding, [n 4] das [n 4] (die Mode) [f 1] streng geteilt.

　前半は、「お前の魔法たちは再び物を結びつける」です。後半の das は、普通の関係代名詞 n 4 の das で「それを」です。主語は (die Mode) [f 1] （英語の mode にあたる）で、「流行・時代」です。streng は「厳しい」という形容詞を副詞的に使っており「厳しく」。動詞は「haben ＋ ... 過去分詞」で作る「現在完了形」です。geteilt は動詞 teilen「分ける・分断する」の過去分詞です。もしこれが das Ding「物」を使った普通の文章なら、

(Die Mode) [f 1] hat streng das Ding [n 4] geteilt.

「流行・時代はその物を厳しく分断した」

となるのですが、それを関係代名詞節にするのです。そこで、das Ding [n 4] を関係代名詞 das [n 4] にして文頭へ送り、関係代名詞節は副文の一種なので第2位置にある hat は後置されて ... geteilt hat となります。そして完了形を作る hat は、分かりきったものなので省略され、das (die Mode) [f 1] streng geteilt という形になったのです。またこの geteilt は6行目の weilt と韻を踏んでいることからも、hat は省略されたのですね。ですから後半は、「それを流行・時代が厳しく分断した」となります。

　それで全体は、「お前の魔法たちは、再び結びつけるのだ、流行・時代が厳しく分断したものを」となります。このあたりが、この歌が EU（ヨーロッパ連合 European Union, Europäische Union）の歌として採用されている理由ですね。

(Alle Menschen) [m pl 1] werden Brüder, [m pl 1]
Wo (dein sanfter Flügel) [m 1] weilt.

すべての人間たちは、兄弟たちになるのだ、
お前の穏やかな翼が、しばらくとどまるところでは。

Menschen は Mensch「人間」の複数形です。all については類型⑥「定冠詞類」を見てください。定冠詞の pl 1 は die Kinder「その子供たちは」です。その e が付いて、alle Menschen「すべての人間たちは」となります。Brüder は Bruder（英語の brother にあたる）「兄弟」の複数形で「兄弟たち」です。A werden B「A は B になる」という文の場合、B は 1 格です。「〜に」と訳すので、日本語で考えると 3 格のような語感なのですが、これは英語でいう SVC です。SVC という文型の基本的な意味は S ＝ C ということでしたね。ですのでドイツ語の A werden B の場合も A ＝ B という意味になって、B は 1 格なのです。それで「すべての人間たちは、兄弟たちになる」となります。

　2 行目の wo（英語の where にあたる）は「関係副詞」で、「〜のところでは」という意味です。dein は類型⑦「不定冠詞類」で「お前の」。sanft は「ソフトな、穏やかな」という形容詞。Flügel は「翼」。「不定冠詞（類）・形容詞・名詞」という語順ですから dein sanfter Flügel は類型⑨の 3.「混合変化」の m 1 です。そこには ein guter Vater「あるよい父が」とありますね。そのパターンで dein sanfter Flügel「お前の穏やかな翼が」となります。動詞 weilen は「しばらくとどまる」という意味です。

　それで全体は、「すべての人間たちは、兄弟たちになるのだ、お前の穏やかな翼が、しばらくとどまるところでは」となります。

❸

Wem der große Wurf gelungen,

Eines Freundes Freund zu sein,

Wer ein holdes Weib errungen,

Mische seinen Jubel ein!

Ja, wer auch nur eine Seele

Sein nennt auf dem Erdenrund!

Und wer's nie gekonnt, der stehle

Weinend sich aus diesem Bund!

Wem (der große Wurf) gelungen,
Eines Freundes Freund zu sein,

およそある人に、ある友人の友人になるという偉大な仕事が成功したなら、
そういう人は誰でも、

　wem は wer の 3 格であり、ここでの wer は、先に見た「不定関係代
名詞」wer が「先行詞をもたない場合」です。これは英語の whoever（＝
anyone who）にあたり、「およそ～する人は誰でも」という意味になり
ます。wem はその 3 格ですから、「およそ～する人には誰にでも」とい
う意味です。Wurf は、動詞 werfen「投げる」から en を取り去って作
られた男性名詞で、「（上手に）投げること」➡「うまくいった仕事」と意
味が派生したものです。ここで使われている groß（英語の great にあたる）
は、「偉大な」という意味の形容詞です。そしてこの der große Wurf「そ
の偉大な仕事は」は、類型⑨の 2.「弱変化」の der gute Vater「そのよい
父は」のパターンです。gelungen は gelingen という動詞の過去分詞です。
その gelingen は、物を主語として取る動詞で、「ある物が人³にとってう
まくいく」という意味です。こういう「状態の変化を表す自動詞」は、「sein
＋ ... 過去分詞」で現在完了形を作ります。ですから普通は Der Wurf ist
... gelungen.「その仕事はうまくいった」となるのですが、文の中に wer
という関係代名詞を入れたことから、関係代名詞節は副文の一種なので、
定形動詞 ist は文末へ飛ばされます。そしてその定形動詞 ist は分かりきっ
ているので省略され、Wem (der große Wurf) gelungen,「およそある人
に、その大きな仕事が成功したなら」という形になったのです。
　2 行目の zu sein は、zu 不定詞の「形容詞的用法」です。sein は英語
の be にあたる動詞で「…である」という意味であり、その前に zu が付き、
それが「形容詞的用法」なので、... zu sein「…であるヨウナ」という意
味になって、ある名詞を修飾します。その「修飾される名詞」が Wurf「仕
事」です。つまり「der Wurf, ... zu sein」で「…であるヨウナ仕事が」
です。この「…」に入るのが eines Freundes Freund です。本当の語順は、
2 格を後ろへもってきて Freund eines Freundes「ある友人の友人」です
が、口調の関係で Freund が後ろへ来たのです。これを「…」に入れると、
der große Wurf , eines Freundes Freund zu sein で、「ある友人の友人

であるヨウナ偉大な仕事」つまり「一人でも本当の友人を得るという偉大な仕事」という意味になります。英語で直訳すると、the successful work to be a friend of a friend くらいになるでしょう。

　それで全体は、「およそある人に、ある友人の友人になるという偉大な仕事が成功したなら、そういう人は誰でも」となります。

(Wer) ein holdes Weib[n4] errungen,
Mische seinen Jubel[m4] ein!

およそ一人の優しい女性を得た人は誰でも、
彼の歓喜を混ぜよ（喜びの声を一つに混ぜ合わせよう）。

　この wer は、不定関係代名詞 wer が「先行詞をもたない場合」の1格で、まさしく「およそ～する人は誰でも」という意味です。Weib[n] は雅語で、「女性」という意味の中性名詞です。hold は「優しい」という意味の形容詞。ein holdes Weib[n] で「一人の優しい女性を」です。errungen は動詞 erringen「得る」の過去分詞です。他動詞は、「haben ＋ ... 過去分詞」で現在完了形を作ります。本当なら (Er) hat ein holdes Weib[n4] errungen. で「彼は一人の優しい女性を得た」になるのですが、er を関係代名詞 wer にして全体が関係代名詞節になったので、hat は後置され、そして省略されたのです。ということで、この行は「およそ、一人の優しい女性を得た人は誰でも」となります。

　2行目の動詞は ein|mischen「混ぜる」という分離動詞です。文中で使うので、前綴り ein を後ろへ飛ばし、基礎動詞 mischen から n を取り去って mische なので、これは du への命令形です。「混ぜよ」と命令しているのです。目的語は seinen Jubel[m4]「彼の歓喜を」です。つまりこの行は、上の3行すべてを受けて、「彼の歓喜を混ぜよ」（＝心の友を見つけた人も、よき妻を見つけた人も、喜びの声を一つに混ぜ合わせよう）と言っているのです。それでこの2行は、「およそ一人の優しい女性を得た人は誰でも、彼の歓喜を混ぜよ（喜びの声を一つに混ぜ合わせよう）」となります。

Ja, (wer) auch nur eine Seele^{f4}
Sein nennt^{n3} auf dem Erdenrund!

そうだ、この全世界でただ一つの魂であっても、

それを彼のものと呼べる人も誰でも（喜びの声を一つに混ぜ合わせよう）。

　ja は「そうだ」という間投詞。wer は先程と同じく「およそ〜する人は誰でも」。auch は英語の too で「〜もまた」。nur は英語の only で「〜だけ」。eine Seele^{f4} は「一つの魂を」です。つまりこの行は「そうだ、ただ一つの魂であってもそれを〜した人も誰でも」です。何をしたのかは、2 行目に書かれています。

　その 2 行目の sein は、**類型**⑦「不定冠詞類」の sein で「彼の（もの）」という意味です。nennen（英語の name にあたる）は「（A を B と）呼ぶ」という意味の動詞です。この A にあたるのが eine Seele^{f4}「一つの魂を」であり、B にあたるのが sein「彼のもの」であり、まとめると「一つの魂を彼のものと呼ぶ」となります。「友情や愛情で魂と魂が結ばれる」という意味ですね。Erdenrund の Erde^{f} は「大地・地球」。Rund^{m} は「円形・球形」。合わせて Erdenrund^{m} で「地球という球体」つまり「全世界」という意味です。

　それで全体は、「そうだ、この全世界でただ一つの魂であっても、それを彼のものと呼べる人も誰でも（喜びの声を一つに混ぜ合わせよう）」となります。

Und (wer)'s nie gekonnt, (der) stehle
Weinend sich aus diesem Bund!^{m3}

そして、およそそれを一度もできなかった人は誰でも、そういう人は、

泣きながら、こっそりとこの仲間から出てゆくがよい。

　(wer)'s の 's は es^{n4}「それを」の略です。nie は英語の never にあたる言葉で「一度も〜ではない」。gekonnt は話法の助動詞 können「できる」の過去分詞です。例のごとく「haben + ... 過去分詞」で現在完了形を作ったのですが、関係代名詞節となって hat が後置され、さらに hat が略されたのです。ここまでで「およそ、それを一度もできなかった人は誰でも」

となります。

　次にある der は、関係代名詞のように見えますが、そうではなく「指示代名詞」です。「不定関係代名詞」wer で「およそ〜である人は誰でも」と言われた内容を、der「そういう人は」と受けるのです。「指示代名詞」は「関係代名詞」とほぼ同じ変化をする言葉で、見分けにくいですが、動詞の位置に注意すれば、見分けることができます。関係代名詞は副文を作るので、その動詞は副文の最後へ飛ばされましたね。でもこの der を見ると、その動詞 stehle は、der の直後に置かれていて、最後へ飛ばされていません。そのことから、この der が関係代名詞ではなく指示代名詞であることが分かるのです。ではそもそも「指示代名詞」とはどういう言葉なのかというと、人称代名詞（たとえば er「彼」）とほぼ同義の言葉と考えてもらっていいのですが、ただ、指される対象を「そいつは・そういう人は」と強く「指示」する「代名詞」なので、「指示代名詞」と呼ばれるのです。

　この der に付く動詞 stehle は、stehlen（英語の steal「盗む」にあたる）から n を取り去った形ですから、du への命令形（厳密には「接続法1式」）です。この stehlen が sich[4]「自分自身を」と共に使われると「自分自身を盗む」➡「こっそり出入りする」という意味になります。どこから出入りするのかというと aus diesem Bund[m3]「この仲間から外へ」です。weinend は weinen「泣く」という動詞に -d が付いた「現在分詞」で、ここでは単独で「分詞構文」として使われていますから「泣きながら」という意味です。

　それで全体は、「そして、およそそれを一度もできなかった人は誰でも、そういう人は、泣きながら、こっそりとこの仲間から出てゆくがよい」となります。

❹

Freude trinken alle Wesen
An den Brüsten der Natur;
Alle Guten, Alle Bösen

Folgen ihrer Rosenspur.

Küsse gab sie uns und Reben,

Einen Freund, geprüft im Tod;

Wollust ward dem Wurm gegeben,

und der Cherub steht vor Gott.

Freude trinken (alle Wesen)
An den Brüsten der Natur;

喜びを、すべての存在者たちは飲む、

自然の乳房たちにおいて。

Freude は「喜びを」です。強調したいので文頭へ置かれています。そ
れゆえ「第2位置が動詞、第3位置が主語」の「…＿＿（　）」という語順
になります。主語は (alle Wesen)。Wesen は「存在するもの・存在者」で、
複数も同形です。(alle Wesen) で「すべての存在者たち」です。動詞は
trinken「飲む」。つまり「喜びを、すべての存在者たちは飲む」。

2行目には、まず Brust（英語の breast にあたる）「乳房」という名詞
があり、その複数形が Brüste です。原文の An den Brüsten で後ろに
ついている n は、複数名詞の3格に付く n です。ということで An den
Brüsten で「乳房たちにおいて」。der Natur は女性名詞2格で「自然の」で、
ここは「自然の乳房たちにおいて」となります。自然には多くの乳房（「イ
ンスピレーションの源泉」の比喩でしょう）があるのですね。

それで全体は、「喜びを、すべての存在者たちは飲む、自然の乳房たち
において」となります。

(Alle Guten), (Alle Bösen)
Folgen ihrer Rosenspur.

すべての善人たちと、すべての悪人たちは、

自然のバラの（ように素晴らしい）痕跡に従う（を追いかける）。

1行目は、どちらの名詞にも Leute「人々」（これはもともと複数しかない名詞です）が続いていると思ってください。たとえば前半は alle guten Leute が本来の形です。all は類型⑥の定冠詞類なので、この全体は類型⑨の 2.「弱変化」の pl 1 です。そこには die guten Kinder「そのよい子供たちは」とありますね。そのパターンで、alle guten Leute「すべてのよい人々（善人たち）は」が作られ、Leute は分かりきっているので省略され、形容詞が大文字になって名詞化され、Alle Guten になるのです。それゆえ (Alle Guten), (Alle Bösen) は「すべての善人たちとすべての悪人たちは」です。

　2行目の folgen（英語の follow にあたる）は「物³に従う（を追いかける）」という意味の動詞で、物の3格を要求します。ihr は類型⑦「不定冠詞類」の「ihr (her) 彼女の」です。この「彼女」とは、直前に出た女性名詞である「自然」を指しています。Rosenspur の Rose は「バラ」です。Spur はスキーでいう「シュプール」で「痕跡」です。合わせて Rosenspur で、「バラの（ように素晴しい）痕跡」。それに ihr が付いて、ihre Rosenspur で「彼女（＝自然）の、バラの（ように素晴しい）痕跡」となります。folgen が3格を要求するので、これを3格にしましょう。類型⑦「不定冠詞類」の表の f 3 は einer Mutter「ある母に」です。その ein に ihr を代入し、Mutter を Rosenspur で置き換えると ihrer Rosenspur「自然のバラの（ように素晴しい）痕跡に」になります。

　それで全体は、「すべての善人たちと、すべての悪人たちは、自然のバラの（ように素晴しい）痕跡に従う（を追いかける）」となります。

Küsse gab (sie) uns und Reben,
Einen Freund, geprüft im Tod;

自然は我々に、キスとワインを与えた、
そして、死において試された一人の友人を。

　Küsse は Kuss（英語の kiss にあたる）「キス」の複数形4格で「キスたちを」。gab (sie) uns で「彼女（＝自然）は我々に与えた」。gab は geben（英語の give にあたる）の過去形です。Reben は Rebe「ぶどう」

の複数形です。Rebe には雅語で「ワイン」という意味もありますから、恐らくここは「（恍惚をもたらす）ワイン」という意味なのでしょう。ということでこの行は「自然は我々に、キスとワインを与えた」。

2行目の Einen Freund は「一人の友人を」です。geprüft は prüfen「試す」の過去分詞で、「試された」という意味の形容詞で、前にある Freund を修飾しています。im Tod は「死において」。合わせて Einen Freund, geprüft im Tod で「死において試された一人の友人（死すとも裏切ることのない一人の友人）を」です。

それで全体は、「自然は我々に、キスとワインを与えた、そして、死において試された一人の友人を」となります。

(Wollust) ward dem Wurm gegeben, und (der Cherub) steht vor Gott.

恍惚は虫けら（のような人間）にも与えられた。
そして智天使ケルビムは神の前に立つ。

Wollust は「恍惚」。ward は wurde（werden の過去形）の雅語です。gegeben は geben「与える」の過去分詞。「werden + ... 過去分詞」で受動形です。その過去形だから「与えられた」です。dem Wurm は「蛆虫・虫けらに」。合わせて「恍惚は虫けら（のような人間）にも与えられた」。2行目の Cherub は「智天使ケルビム」です。それで全体は、「恍惚は虫けら（のような人間）にも与えられた。そして智天使ケルビムは神の前に立つ」となります。

❺

Froh, wie seine Sonnen fliegen
Durch des Himmels prächt'gen Plan,
Laufet, Brüder, eure Bahn,
Freudig, wie ein Held zum Siegen.

Froh, wie (seine Sonnen) fliegen
Durch des Himmels prächt'gen Plan,

万歳、神の星たちが、

天空の壮麗な軌道を通って飛んでいるように、

---

　froh は「楽しい」という形容詞で、ここでは「万歳」という意味の間投詞として使われているのでしょう。wie ... は英語の as ... と同じで、「〜のように」という接続詞です。seine Sonnen の sein は類型⑦の「sein (his) 彼の」です。この「彼」とは、直前に出た男性名詞である「神」を指すのでしょう。Sonnen は Sonne（英語の sun にあたる）「太陽」の複数形で「太陽たち（＝星たち）」です。fliegen は「飛ぶ」です。

　2行目の durch は＋4の前置詞で「〜を通って」。それが支配する4格名詞は prächt'gen Plan「壮麗なプラン（軌道）を」。prächt'g は prächtig「壮麗な」のことで、ここにある「'」は「i を省略した」という印です。des Himmels は「天国・天空の」です。ここでの本当の語順は prächt'gen Plan des Himmels「天空の壮麗な軌道を」ですが、ここは口調上で2格名詞を前へもってきたのです。

　それで全体は、「万歳、神の星たちが、天空の壮麗な軌道を通って飛んでいるように」となります。

Laufet, Brüder, eure Bahn,
Freudig, wie (ein Held) zum Siegen.

兄弟たちよ、君たちの道を走れ、

喜びつつ、英雄が勝利へと（走るように）。

---

　laufet は、動詞 laufen「走る」の ihr「君たち」への命令形で「君たちよ、走れ」。Brüder は「兄弟たちよ」という呼びかけの1格です。eure Bahn の eure は、類型⑦「不定冠詞類」の「euer (your) 君たちの」です。その後ろに e が付いて euere になると、「オイエレ」となって発音しにくいので、2番目にある e を取り去って eure「オイレ」と発音しやす

くしているのです。つまり eure Bahn で「君たちの道を」です。2 行目
の freudig は「喜びつつ」。wie ... は「～のように」。(ein Held) は「英
雄が」です。Siegen は、動詞 siegen「勝利する」をそのまま大文字にし
て作った中性名詞で「勝利すること・勝利」であり、zum Siegen で「勝
利へと」です。つまり「英雄が勝利へと（走るように）」です。

　それで全体は、「兄弟たちよ、君たちの道を走れ、喜びつつ、英雄が勝
利へと（走るように）」となります。

❻

Seid umschlungen, Millionen!
Diesen Kuss der ganzen Welt!
Brüder, über'm Sternenzelt
Muss ein lieber Vater wohnen.

Seid umschlungen, Millionen!
Diesen Kuss der ganzen Welt!

抱き合おう、何百万もの人々よ、
このキスを全世界へ。

　この seid は sein「～である」の ihr「君たち」への命令形で、「君たち
よ、～であれ」です。umschlungen は動詞 umschlingen「巻きつける」
の過去分詞です。「sein ＋ ... 過去分詞」で、「～されている」という意味
の状態受動になります。だから「sein ＋ ... umschlungen」で「巻きつ
けられている」という意味になり、その sein を seid「君たちよ、～であれ」
にして「seid ＋ ... umschlungen」とすると、「君たちよ、巻きつけられ
てあれ」（＝〔互いに腕を巻きつけて〕抱き合おう）という命令形になり
ます。Millionen は Million「百万」の複数形です。これは Millionen〔von〕
Menschen「何百万もの人々」の省略形で、「何百万もの人々よ」という
呼びかけの 1 格です。

2 行目の diesen Küss[m4] は m 4 で「このキスを」。ganz は「まるごとの」という意味の形容詞。Welt[f]（英語の world にあたる）は「世界」です。そして der ganzen Welt[f3] は f 3 で「全世界へ」です。

　それで全体は、「抱き合おう、何百万もの人々よ、このキスを全世界へ」となります。

Brüder[m pl 1], über'm Sternenzelt[n3]
<u>Muss</u> (ein lieber Vater[m1]) <u>wohnen</u>.

兄弟たちよ、星空の上には、
ある親愛なる父（＝神）が住んでおられるに違いない。

　Brüder[m pl 1] は「兄弟たちよ」という呼びかけの 1 格です。über'm とは über dem の省略形です。Sternenzelt の Sterne[m pl] は、Stern[m]（英語の star にあたる）の複数形で「星たち」。Zelt[n]（英語の tilt にあたる）は「テント、天幕」です。前後を合わせて Sternenzelt[n] で「星々のテント」であり、これは雅語で「（星々を天幕に見立てた）星空」という意味です。

　2 行目の (ein lieber Vater[m1]) は「ある親愛なる父（＝神）が」。muss は話法の助動詞 müssen「〜しなければならない、〜であるに違いない」の 3 人称単数の形です。muss ... wohnen で「住んでいるに違いない」です。

　それで全体は、「兄弟たちよ、星空の上には、ある親愛なる父（＝神）が住んでおられるに違いない」となります。

Ihr stürzt nieder, Millionen?
Ahnest du den Schöpfer, Welt?
Such' ihn über'm Sternenzelt!
Über Sternen muss er wohnen.

(Ihr) stürzt nieder, Millionen?^{f pl 1}
Ahnest (du) den Schöpfer, Welt?

君たちは跪くのか、数百万の人々よ？

お前は創造主を感じるか、世界よ？

> ihr は、類型①の「君たちは」という人称代名詞。nieder|stürzen は分
> 離動詞で「跪く」という意味。Millionen は先程と同じです。
>
> 2 行目の ahnen は「うすうす感づく、感じる」という意味の動詞。den
> Schöpfer は「創造主を」。Welt は呼びかけの 1 格で「世界よ」です。
>
> それで全体は、「君たちは跪くのか、数百万の人々よ？　お前は創造主
> を感じるか、世界よ？」となります。

Such' ihn über'm Sternenzelt!
Über Sternen muss (er) wohnen.

星空の上に、彼を探し求めよ、

星々の上に、彼（＝神）は住んでおられるに違いない。

> such' の「'」は「e を省略した」という印です。suche は動詞 suchen（英
> 語の seek にあたる）「探し求める」から n を取り去った形ですから du
> への命令形で、「探し求めよ」。ihn は「彼（＝神）を」です。über'm は
> 先程と同じく über dem の省略形で、über'm Sternenzelt で「星空の上に」
> です。
>
> 2 行目の über Sternen は「星々の上に」。後ろの n は、複数名詞 3 格
> に付く n です。muss (er) wohnen で「彼（＝神）は住んでおられるに違
> いない」です。
>
> それで全体は、「星空の上に、彼を探し求めよ、星々の上に、彼（＝神）
> は住んでおられるに違いない」となるのです。

以上で見た「魔王」と「狩人の合唱」と「第九」を、筆者は中学校で習いました。さらにもっと小さい頃、筆者は小学校で「野ばら」と「ローレライ」を習い、「わらべは見たり、野中のバラ…」や「なじかは知らねど、心わびて…」と歌いました。ということで、「日本人にとってのドイツ語の歌の原点」ともいうべきこの２曲を、第二部で扱いたいと思います。

　さて、ここまで「過去形と完了形」については、解説の進行の中で「折に触れて説明する」だけで、特にまとめた説明をしてきませんでした。そこで、**コラム❽**として「過去形と完了形」を付けておきます。その「過去形と完了形」を学ぶためには、まず「動詞の三基本形」を覚えてもらわねばなりません。これは、いわば一石四鳥の、ドイツ語を学ぶ人にとっては宝石のような教材です。

　ということで、以下の**コラム❼「動詞の三基本形」**とそれに続く**コラム❽「過去形と完了形」**を見たうえで第二部の「野ばら」と「ローレライ」へと進んでください。「野ばら」は「過去形」を多く含んでおり、「ローレライ」は「現在完了形」で締めくくられていますから、この２曲は文法的にも「過去形」と「完了形」を確認するのにピッタリの題材です。

コラム❼　動詞の三基本形 ･･････････････････････････････

　では皆さん、ここで一段階ステップアップしましょう。

　① どんな単語でもスラスラと発音できるようになりたい人、

　②「過去形」を自由に作れるようになりたい人、

　③「現在完了形」を自由に作れるようになりたい人、

　④「受動形」を自由に作れるようになりたい人、

　は、まず「動詞の三基本形」を覚えてください。

「動詞の三基本形」とは何？

　これは、動詞の「不定詞、過去基本形、過去分詞」のパターンのことです。

　皆さんが恐らく一冊は持っておられる初級文法書の巻末に、必ずその表が付いています。皆さんこれを活用していますか？

　これは、ただ見るだけではあまり意味のないもので、何度も声に出して

読み、そのパターンを自分の身体に刻み込んでこそ、その真価が発揮されるものです。

その効能

① この「三基本形の表」の中で、ドイツ語の単語のほとんどの発音パターンは尽くされています。ですから、もしこの表をスラスラと読めるようになれば、どんな単語でもスラスラと読めるようになります。

②「過去形」は、この表の中にある「過去基本形」をもとに作ります。ですからこの表を覚えれば、過去形は自由に作れるようになります。

③「現在完了形」は、haben や sein と、この表の中にある「過去分詞」を使って作ります。ですからこの表を覚えれば、現在完了形は自由に作れるようになります。

④「受動形」は、werden と、この表の中にある「過去分詞」を使って作ります。ですからこの表を覚えれば、受動形は自由に作れるようになります。

覚え方

リズムで覚えます。

白水社の入門書である太田達也著『ニューエクスプレスプラス ドイツ語』の 144 頁以下から、「三基本形の表」を引用させていただき、それにカタカナのルビをつけたものを、本書の 150 〜 153 頁に付けました。最初はカタカナ発音でいいんです。ヘンな覚え方をしないように、まずカタカナで何度も発音を繰り返して、そのパターンを自分の身体に刻み込んでください。

中学校の英語の時間に、三基本形を「ワン、ツー、スリー、休み」というリズムで覚えましたね。たとえば、

「始める」begin, began, begun なら、「ビギン、ビギャン、ビガン、休み」というリズムで覚え、

「頼む」bid, bade, bidden なら、「ビッド、ベイド、ビドゥン、休み」…と覚えました。

あれと同じことを、ドイツ語でもするのです。

「始める」beginnen, begann, begonnen なら、「ベギンネン、ベガン、ベゴンネン、休み」というリズムで覚え、

「頼む」bitten, bat, gebeten なら、「ビッテン、バート、ゲベーテン、休み」…と覚えるのです。

カナ発音は赤色にしてあります。ある程度練習してみて、その成果を確認したい場合は、ページに赤いセロファンなどをかぶせてカナ発音が見えないようにして、それでも発音できるかどうかで確認してみてください。

この表には、77 の動詞の三基本形が載っています。人間の頭脳にはパターン認識の働きがありますから、これくらいのパターンを身体に刻み込めば、将来知らない単語に出会っても、「この単語の過去基本形は○○で、過去分詞は○○だろうな」と、何となくピンと来るようになります。

ということで、

本書の以下の記述は、「皆さんがこの三基本形をマスターした」ということを前提にして行ないます。皆さんこの機会に、ぜひ「三基本形」をマスターしてください。

コラム❽　過去形と完了形 ••••••••••••••••••••••••••••••••••••

過去形

過去形は、次の 2 つの手順を踏んで作ります。

手順その１：「過去基本形」を作る。

手順その２：「人称変化語尾」を付ける。

手順その１：「過去基本形」を作る。

これには①「規則動詞」と②「不規則動詞」の場合があります。

まず①「規則動詞」の場合です。次の@ⓑで作ります。

@不定詞から en をとる。たとえば lieb en(愛する)なら、 lieb - にする。
ⓑその結果の後ろに -te を付ける。つまり lieb te にする。

次に②「不規則動詞」の場合です。

前のコラムで 77 の三基本形を練習しましたね。あれが「不規則動詞」です。その表の 2 番目が「過去基本形」です。たとえば「見る」sehen, sah, gesehen なら、sah が「過去基本形」です。

以上で、「規則動詞」でも「不規則動詞」でも、過去基本形が作れました。

手順その 2 :「人称変化語尾」を付ける。

いま作った「過去基本形」の後に、次の表の変化語尾を付けます。

（私）ich	—— ×		（我々）	wir	—— en
（君）du	—— st		（君たち）ihr		—— t
（彼）er	—— ×		（彼ら）	sie	—— en

×は無語尾という印です。ich と er（sie, es）には語尾は付かない、というのが過去形の特徴です。

では実際に文を作ってみましょう。

まず「規則動詞」の場合です。たとえば liebte「愛した」を使ってみましょう。主語が ich の場合は、これには語尾は付きませんから、たとえば、

(Ich) <u>liebte</u> den Hund.（私はその犬を愛していた）
になります。

次に「不規則動詞」の場合です。たとえば sah「見た」を使ってみましょう。主語が ein Knabe「ある少年」の場合も、これには語尾は付きませんから、たとえば、これは「野ばら」の冒頭から倒置を外した形ですが、

(Ein Knabe) <u>sah</u> ein Röslein.（ある少年が小さな薔薇を見た）
になります。

ごく大まかにですが、過去形はこんな風に作ります。

現在完了形

　完了形の作り方は、基本的に英語と同じです。英語では「have ＋過去分詞」で作りましたね。たとえば I love the dog. なら、I <u>have loved</u> the dog. になりました。

　ドイツ語の場合も、基本的には「haben ＋過去分詞」で作るのですが、過去分詞を「文末へ飛ばす」という作業が加わります。つまりドイツ語の完了形は「haben ＋文末に過去分詞」で作るのです。たとえば、

　(Ich) <u>liebe</u> den Hund.　　　　　なら、
　(Ich) <u>habe</u> den Hund <u>geliebt</u>. になります。

　そのためには、まず「過去分詞」を作れなければなりません。
　その作り方は、①「規則動詞」と②「不規則動詞」で違います。

　まず①「規則動詞」の場合です。次のⓐⓑで作ります。
　ⓐ不定詞から en をとる。たとえば │lieb│en（愛する）なら、│lieb│- にする。
　ⓑその │lieb│- の前に ge- を付け、後に -t を付ける。
　　つまり ge│lieb│t にする。

　次に②「不規則動詞」の場合です。
　前のコラムで 77 の三基本形を練習した「不規則動詞」の表の 3 番目が「過去分詞」です。たとえば「する、行う」tun, tat, getan なら、getan が「過去分詞」です。
　以上で、「規則動詞」でも「不規則動詞」でも、過去分詞が作れました。

　では実際に文を作ってみましょう。
　まず「規則動詞」の場合です。たとえば geliebt を使ってみましょう。主語が ich の場合は、haben は habe になります。だから、たとえば上で見た、(Ich) <u>habe</u> den Hund <u>geliebt</u>.（私はその犬を愛していた）になるのです。
　次に「不規則動詞」の場合です。たとえば getan を使ってみましょう。

主語が die Lorelei「ローレライ」の場合は、haben は hat になります。そして、これは「ローレライ」の最終行なのですが、das「それを」を加えると、

(Die Lorelei) hat das getan.(ローレライがそれを行なった)になります。
ごく大まかにですが、現在完了形はこんな風に作ります。

さらに、自動詞の中で、①「場所の移動」を表すもの（たとえば gehen「行く」や fahren「乗り物で行く」など）と、②「状態の変化」を表すもの（たとえば werden「～になる」や sterben「死ぬ」など）の場合は、「sein＋文末に過去分詞」で完了形を作るのですが、その詳細については詳しい文法書を見てください。

第二部

野ばら

Heidenröslein

筆者の目についた「野ばら」の URL を、以下に 4 つ挙げておきます。

初音ミクが歌うドイツ語の「野ばら」（ヴェルナー
作曲）で、二声のハモりが美しい
https://youtu.be/LF3OK6pVFok

典型的なドイツの少年合唱団 Knabenchor
capella vocalis による歌唱
https://youtu.be/SaM6HqN0FU0

近藤朔風訳の「野ばら」を NHK 児童合唱団が歌っ
ている
https://youtu.be/YXaqcsvB-aE

シューベルト作曲のヴァージョンを、名手ペー
ター・シュライアーが歌っている
https://youtu.be/QG-B8inb9YE

Heidenröslein

野ばら

❶

Sah ein Knab' ein Röslein stehn.
Röslein auf der Heiden.
war so jung und morgenschön,
lief er schnell, es nah zu sehn,
sah's mit vielen Freuden,
Röslein, Röslein, Röslein rot,
Röslein auf der Heiden.

❷

Knabe sprach: ich breche dich,
Röslein auf der Heiden!
Röslein sprach: ich steche dich,
dass du ewig denkst an mich,
und ich will's nicht leiden.
Röslein, Röslein, Röslein rot,
Röslein auf der Heiden.

❸

Und der wilde Knabe brach's
Röslein auf der Heiden;
Röslein wehrte sich und stach,
half ihm doch kein Weh und Ach,
musst' es eben leiden.
Röslein, Röslein, Röslein rot,
Röslein auf der Heiden.

まず、我々が子供の頃に歌った「近藤朔風による訳詩」〈A〉を味わってください。子供の頃は分かりませんでしたが、今読むと、実に上品な見事な訳詩です。何とも美しい日本語ですね。これに対して、ドイツ語を直訳すると〈B〉になります。

— 〈A〉近藤朔風訳 —　　　　　————— 〈B〉直訳 —————

❶

童はみたり 野なかの薔薇　　ある少年が、ある小さな薔薇が立っているのを見た

　　　　　　　　　　　　　　荒野の上の（＝荒野に咲いた）小さな薔薇よ

清らに咲ける その色愛でつ　（それは）若く、朝のように美しかった

　　　　　　　　　　　　　　彼は急いで走った、それを近くで見るために

飽かず ながむ　　　　　　　それをたくさんの喜びをもって見た

紅 におう 野なかの薔薇　　小さな薔薇、小さな薔薇、赤い小さな薔薇よ

　　　　　　　　　　　　　　荒野に咲いた小さな薔薇よ

❷

手折りて往かん 野なかの薔薇　少年は言った、「僕はお前を折ってやる」

　　　　　　　　　　　　　　荒野に咲いた小さな薔薇よ

手折らば手折れ 思出ぐさに　小さな薔薇は言った、「私はあなたを刺すわ。

君を 刺さん　　　　　　　　あなたが私のことを永遠に忘れないようにね。

　　　　　　　　　　　　　　私はそれをただ耐えるつもりなんてないわ（＝むざ

　　　　　　　　　　　　　　むざ折られてたまるもんですか）」

紅 におう 野なかの薔薇　　小さな薔薇、小さな薔薇、赤い小さな薔薇よ

　　　　　　　　　　　　　　荒野に咲いた小さな薔薇よ

❸

童は折りぬ 野なかの薔薇　　そしてその乱暴な少年はそれを折った

　　　　　　　　　　　　　　荒野に咲いた小さな薔薇よ

手折りてあわれ 清らの色香　小さな薔薇は自分を守り、そして刺した

　　　　　　　　　　　　　　「痛い」や「嗚呼」と言っても、それには助けになら

　　　　　　　　　　　　　　なかった

永遠に あせぬ　　　　　　　それをそのまま耐え忍ぶしかなかった

紅 におう 野なかの薔薇　　小さな薔薇、小さな薔薇、赤い小さな薔薇よ

　　　　　　　　　　　　　　荒野に咲いた小さな薔薇よ

では次で、なぜこういう直訳になるのかを見てゆきましょう。

❶

Sah ein Knab' ein Röslein stehn.

Röslein auf der Heiden.

war so jung und morgenschön,

lief er schnell, es nah zu sehn,

sah's mit vielen Freuden,

Röslein, Röslein, Röslein rot,

Röslein auf der Heiden.

Sah (ein Knab') ein Röslein stehn.

ある少年が、ある小さな薔薇が立っているのを見た。

1行目を文法的に見ると、

　　Sah　(ein Knab')　ein Röslein　stehn. となります。

これから、ゲーテによる「詩の工夫」を全て取り去って、もとの形にすると、

　　(Ein Knabe) sah　ein Röslein　stehen.
　　A boy　　　　saw a little rose stand. (英語の直訳)

「ある少年が、ある小さな薔薇が立っているのを見た。」になります。

　ein Knabe（英語の knave にあたる）は、「ある少年」です。sah は、「見た」です。その三基本形は、もう皆さんマスターしたはず（笑）ですね。「sehen sah gesehen」です。その sah を使っているのです。そしてこの場合の主語は3人称単数なので、人称語尾は付かずに sah のままです。ein Röslein は、「ある小さな薔薇」です。stehen は「立つ」という不定詞です。これらを全部合わせて、「ある少年が、ある小さな薔薇が立っているのを見た」となります。

この1行目には、言うべきことがいろいろとあります。

●「倒置」

この行の主語と動詞は (Ein Knabe) sah（少年は見た）です。でもそ
れをわざわざ倒置して、Sah (ein Knab')にしています。なぜでしょう？
その方が「詩にリズムが出て発音して面白い」からです。1行目の、

Sah ein Knab' ein Röslein stehn.

をカタカナで下に書きますので、**赤字**に注意して実際に発音してみてく
ださい。

ザー アイン クナープ アイン レースライン シュテーン

「1・2・3・4・5・6・7…」の裏拍の2・4・6拍目に「**ein＝アイン**」
という音が入っていて、声に出して読むとリズムがあって楽しいでしょ
う。その感じは、ヴェルナー作曲のものよりもシューベルト作曲のもの
に残っていますから、シューベルト版を、それに注意して聞いてみてく
ださい。

●「e の省略」

主語は Knabe（クナーベ）です。これをゲーテは Knab'（クナープ）
にしています。語の最後の「 ' 」は、「一字略した」という記号で、ここ
では e を略しています。なぜ e を略すのかというと、これも、その方が「発
音して面白い」からです。この3番目の語を Knab'（クナープ）にすると、

ザー アイン クナープ アイン レースライン シュテーン

となります。それを Knabe（クナーベ）のままにすると、

ザー アイン クナーベ アイン レースライン シュテーン

となります。3・4拍が「クナーベ アイン」となって、「べ」の音でリ
ズムが止まってしまいますね。そこで e の音を落として「クナープ アイン」
にしているのです。

さらにあと一点、これは 1 行目だけに限ったことではありませんが、「e の省略」ということで、見てほしい点があります。

　行末を見ると、1 行目は stehn で、4 行目は sehn で終わっていますね。でもこれらの動詞は本当は stehen と sehen です。両方の発音をカタカナで書いておくと、

　stehen は「シュテーエン」で、stehn は「シュテーン」です。

　sehen は「ゼーエン」で、sehn は「ゼーン」です。

　つまりどちらからも e「エ」が抜けています。

　ゲーテは、こうして 1 行目と 4 行目から e「エ」を省略することによって、最後尾の発音をできるだけ「**エーン**」と「**エン**」に統一しようとしたのですね。つまりこの 5 行を、

　①「**シュテーン**」、②「**ハイデン**」、③「**シェーン**」④「**ゼーン**」、⑤「**フロイデン**」という統一的な音で終わらせようとしたのです。

●「指小辞」

　ここにある Röslein は「小さな薔薇」という意味ですが、もともとこの言葉は Rose（ローゼ）「薔薇」という名詞です（英語の rose にあたります）。その後ろに -lein が付いて「小さい・可愛い薔薇」という意味になります。そのとき後ろに付く -lein を「指小辞」と言います。これは「ものが『小』さい・可愛いことを『指』す『辞〔ことば〕』」です。もとの単語の性が m であろうが f であろうが、この -lein が付くと性は n になります。

　-lein は「南部ドイツの語法」です。有名な単語としては、もう古くなって今では使うと叱られる言葉に Fräulein「フロイライン＝お嬢さん」があります。もとの単語は Frau「フラウ＝女性」であり、その後ろに -lein を付け、「小さい女性＝お嬢さん」にしています。

　さらに「指小辞」には、「もとの単語が『ウムラウト』できる場合はウムラウトする」という規則があります（「ウムラウト」については次項で見ます）。この場合は a がウムラウトできるので、a を ä にして、Fräulein「小

さな・可愛い女性」（＝未婚のお嬢さん）となるのです。

　同じ「指小辞」としては -chen という形もあります。これは「中部ドイツの語法」です。有名な単語としては Mädchen「メートヒェン＝少女」があります。もとの単語は M̌agd「マークト＝女中さん・女性」であり、その後ろに -chen を付け、さらにもとの単語のaをäに「ウムラウト」して、さらに g「ク」があると発音が「メークトヒェン」となって窮屈になるので、この g を抜いて、Mädchen「小さな女性＝少女」となるのです。

　では次に、その「ウムラウト」を見ます。「ウムラウト」というのは、たとえばこの Röslein なら、o の上にある「テンテン」のことです。

◉「ウムラウト」

　原語は Umlaut と書きます。この um- は「〜のまわりに、周囲に」という意味であり、-laut（英語の loud にあたる）は「音（の大きい）」という意味であり、合わせて「音のまわりに」、つまり「音を変える」ということであり、つまりは「変音する」という意味の言葉です。どうやって「変音」するのかというと、母音であるaとuとoに「e（エ）という音を加えて」変音するのです。

　ですから、母音の上に書かれた「テンテン」はeのことなのです。たとえばこの「野ばら」を作詩した大詩人「ゲーテ」は、原語では Goethe と書きます。明治初期には「ギョエテ」と読んだ人もいたそうです。この Goethe の oe と ö は同じものであり、それゆえ ö は oe（オエ）と読むのです。但し、「オ・エ」と別々に読むのではなく、同時に「オエ」と読むのです。そのために、口の形は「オ」にして、口の中で「エ」と発音するのです。ä と ü についても同じ理屈です。つまり、

ä は、「ア」の口の形をして、口の中で「エ」と発音し、
ü は、「ウ」の口の形をして、口の中で「エ」と発音し、
ö は、「オ」の口の形をして、口の中で「エ」と発音する　のです。

　ですから、発音をカタカナで書くと、

äは「ア」ではなく「エ」に近く、

üは「ウ」ではなく「ユ」に近く、

öは「オ」ではなく「エ」に近いのです。

この理屈を頭に入れて、ドイツ人が歌っているのを聞きながら自分でも発音すれば、だんだんと発音できるようになります。

◉ 「zu なしの不定詞」

1行目の最後に stehen（英語の stand にあたる）があります。この stehen の前には本当は zu が付くのですが、sah が知覚動詞なので、ここには zu が付かないのです。この「知覚動詞は zu なし不定詞と共に使われる」という規則は、みなさんが英語で習った「知覚動詞は to なし不定詞と共に使われる」という規則と同じ内容ですね。ですから、まずそちらから思い出してもらいましょう。たとえば、

$$\overset{s}{\text{The}} \text{ teacher } \overset{v}{\text{ordered}} \text{ the } \overset{o}{\text{student}} \text{ to } \overset{c}{\text{study}}.$$

The teacher ordered the student to study.

「その先生は、その生徒に勉強するよう命じた」

という文で考えましょう。これはいわゆる第五文型 SVOC であり、その O と C には「ネクサス」の関係があります。「ネクサス nexus」とは「鎖」という意味です。つまりこの SVOC の O と C には「主語と述語の鎖という関係」つまり「O が C するという関係」があるのです。つまり「その生徒が（＝主語）、勉強する（＝述語）」という関係です。

ということで、SVOC には「主語と述語の関係」が2つ存在するのであり、それは、まず「その先生は、命じた」という主語・述語関係であり、次に「その生徒が、勉強する」という主語・述語関係です。そこで前後を合わせて、「その先生は、その生徒が勉強するよう命じた」となるのです。

このとき、2番目の動詞の前には to を付けて to 不定詞にします。なぜなら英語には、「一つの文節の中では定動詞は一度しか使えず、二度目に動詞を使うときはそれを準動詞（＝ to 不定詞や現在分詞・過去分詞の総称）にする」という規則があるからです。しかしこの規則には例外があり、

それが「使役動詞」と「知覚動詞」の場合なのです。

　つまり SVOC の V の位置に入る動詞が、「使役動詞」（たとえば make, let, ...）や「知覚動詞」（たとえば see, hear, ...）の場合は、「C に入る to 不定詞の to は不要」なのです。たとえば上の例文の ordered「命じた」を、made「～させた」（使役動詞）や saw「見た」（知覚動詞）にすると、こうなります。

$$\overset{s}{\text{The teacher }} \overset{v}{\text{made}} \text{ the } \overset{o}{\text{student}} \overset{c}{\text{study.}}$$

The teacher made the student study.

「その先生は、その学生が勉強するようにさせた」

The teacher saw the student study.

「その先生は、その学生が勉強しているのを見た」

　そして S を a boy にして、O を a little rose にして、C を stand にすると、

A boy saw a little rose stand.

「ある少年が、ある小さな薔薇が立っているのを見た」

となるのです。

　英語とドイツ語は、文法的に完全に対応しているわけではありませんが、SVOC の V に知覚動詞が使われる場合は「C に入る zu 不定詞の zu は不要」、という規則はドイツ語でも有効です。それゆえ stehen の前の zu は不要になって、

(Ein Knabe) <u>sah</u> ein Röslein stehen.

となるのです。そしてそれをゲーテが詩的な形にしたのが、この

<u>Sah</u> (ein Knab') ein Röslein stehn.

です。

　ここで、本書の約束事である「定動詞には下線をつける」に戻ると、この stehen は、「主語に反応して決まる定動詞」ではないので、その下には線を引いていません。そして、この「zu なし不定詞」が「名詞的用法」なのか「形容詞的用法」なのかという点については、今の筆者には「よ

く分からない」というのが正直なところです。

　SVOC の C の位置に入る to 不定詞や to なし不定詞（ドイツ語で言うと zu 不定詞や zu なし不定詞）は、「名詞的用法」や「形容詞的用法」とは別のカテゴリーに入る用法ではないか？と、現在のところは思っています。

　では次に、2 行目以下を見てゆきます。

Röslein auf der Heiden.
荒野の上の（＝荒野に咲いた）小さな薔薇よ

　Heide（英語の heath にあたる）は「平坦で高木のない原野、荒野、荒地」です。前置詞 auf は「〜の上の」という意味で 3 格支配しています。Heiden という形は、「複数形」の可能性もあります。でも、もし複数形なら定冠詞は pl 3 の den のはずですが、ここには der が付いているので、この Heiden は f 3 として使われている、ということが分かります。Heide の後ろに n が付いているのは、1・3・4・5 行がすべて -en で終わっているので、それに音を合わせて、この 2 行目も en で終わらせたのですね。
　この Röslein auf der Heiden. は、この詩に何度も出てきて、「荒野の薔薇よ」と「呼びかけの 1 格」的にも使われますし、「荒野の薔薇を」と「4 格」的にも使われています。

war so jung und morgenschön,
（それは）若く、朝のように美しかった

　この行には主語がありません。上の行の（Röslein auf der Heiden）全体を主語と考えてもよいし、ここに es を補って、その es を主語だと考えてもよいでしょう。
　動詞は war「〜だった」です。その三基本形は「sein war gewesen」です。そして jung（英語の young にあたる）は「若い」という形容詞です。morgenschön の morgen は「朝」、schön は「美しい」であり、合わせて「朝

のように美しい」です。すべて合わせると、「それは若く、朝のように美しかった」となります。

lief (er) schnell, es nah zu sehn,[N4]

彼は急いで走った、それを近くで見るために

　動詞は lief「走った」です。その三基本形は「laufen lief gelaufen」です。schnell は「速い、すばやい」という形容詞で、ここは副詞的に「急いで」という意味で使われています。合わせて lief (er) schnell, で「彼は急いで走った」です。

　後半部分の先頭には、本当は um があって、um es nah zu sehn[N4] となるはずです。その um は、「発音のリズムを壊す」ので省略されたのでしょう。この um は「〜の回りで・〜をめぐって」という意味の4格支配の前置詞です。それを使うこの「um ... zu 〜」という形は、「〜するコトをめぐって」（〜するために）という意味であり、具体的には「um ... zu sehen」で「見るコトをめぐって」（見るために）という意味なので、この zu sehen[N4] は「名詞的用法の4格」（N 4）だと本書では考えています。es は、人称代名詞 es の4格「それを」です。nah（英語の near にあたる）は「近い」という形容詞で、ここでは副詞的に「近くで」という意味で使われています。まとめると「それを近くで見るために」です。前後を合わせると、「彼は急いで走った、それを近くで見るために」となります。

sah's mit vielen Freuden,[f pl 3]

それをたくさんの喜びをもって見た

　主語は、上の行の er がまだ続いています。「'」はここでも e の略であり、つまり er sah es「彼はそれを見た」です。Freude は「喜び」です。mit は3格支配の前置詞であり、単独の形容詞 viel[f]「たくさんの」が en で終わっている（**類型**⑨の 1.「強変化」の pl 3）ので、後ろの名詞 Freuden[f pl 3] は複数形だと分かります。ということで、合わせて、「それをたくさんの喜びをもって見た」となります。

[n1] [n1] [n1]
Röslein, Röslein, Röslein rot,

小さな薔薇、小さな薔薇、赤い小さな薔薇よ

[n1] [f3]
Röslein auf der Heiden.

荒野に咲いた小さな薔薇よ

❷

Knabe sprach: ich breche dich,
Röslein auf der Heiden.
Röslein sprach: ich steche dich,
dass du ewig denkst an mich,
und ich will's nicht leiden.
Röslein, Röslein, Röslein rot,
Röslein auf der Heiden.

[m1]
(Knabe) sprach: (ich) breche dich,

少年は言った、「僕はお前を折ってやる」。

> [m1]
> (Knabe) sprach「少年は言った」はト書きです。sprach「言った」
> の三基本形は「sprechen sprach gesprochen」です。その次の (ich)
> breche dich, が少年の台詞で、「僕はお前を折るぞ」と言っているのです。
> この brechen は英語の break「ブレイク」にあたる言葉で「砕く」とい
> う意味ですが、ここでは相手が薔薇なので「折る」という意味になります。

[n1] [f3]
Röslein auf der Heiden.

荒野に咲いた小さな薔薇よ

この全体を4格と見て、「荒野に咲いたその小さな薔薇を」（折ってやる）という意味だと読むこともできるでしょう。

(Röslein) sprach: (ich) steche dich,
「小さな薔薇は言った、「私はあなたを刺すわ」」

　(Röslein) sprach「小さい薔薇は言った」もト書きです。薔薇の台詞の stechen は、英語の stick にあたる言葉で、「鋭いもので突き刺す」という意味です。

dass (du) ewig denkst an mich,
「あなたが私のことを永遠に忘れないようにね」

　ドイツ語の dass は、英語の that にあたります。そして英語の that には（so）that 〜「〜するように」という目的・意図を表す用法があります。たとえば Speak louder (so) that everybody can hear you.「みんなに聞こえるように、もっと大きな声で話しなさい」（『ランダムハウス英和大辞典』2804頁）という用法です。ドイツ語の dass もここでは、それと同じく「〜するように」という目的・意図を表す用法で使われています。動詞 denken（英語の think にあたる）は、denken an 物[4]（英語の think of 〜 にあたる）という形を作り、これは「物のことを考える」という意味の熟語です。ewig は「永遠に」です。合わせてここでは、「あなたが永遠に私のことを考える（＝忘れない）ように、私はあなたを刺すわ」と薔薇が言っているのです。

und (ich) will's nicht leiden.
「私はそれをただ耐えるつもりなんてないわ（＝むざむざ折られてたまるもんですか）」

　will は「〜するつもり」という意味の助動詞 wollen の3人称単数の形です。「'」はここでもやはり e の省略で、つまり es「それを」（折られることを）です。leiden は「〜を耐える、我慢する」という意味の動詞で

す。すべてまとめると、「私はそれをただ耐えるつもりなんてないわ」（＝
むざむざ折られてたまるもんですか＝やるだけのことはやり返すわ）と
薔薇が言っているのです。

Röslein, Röslein, Röslein rot,
Röslein auf der Heiden.

❸

Und der wilde Knabe brach's
Röslein auf der Heiden;
Röslein wehrte sich und stach,
half ihm doch kein Weh und Ach,
musst' es eben leiden.
Röslein, Röslein, Röslein rot,
Röslein auf der Heiden.

Und (der wilde Knabe) brach's

そしてその乱暴な少年はそれを折った

der Knabe「その少年」に、形容詞 wild（英語の wild にあたる）「乱
暴な」が付いています。この der wilde Knabe「その乱暴な少年は」は、
類型⑨の 2.「弱変化」の m 1 の der gute Vater「そのよい父は」と同じ
形です。brach「折った」の三基本形は「brechen brach gebrochen」です。
brach's は、やはり brach es の省略で、「それを折った」という意味です。

Röslein auf der Heiden.

荒野に咲いた小さな薔薇よ

この全体を4格と見て、「荒野に咲いたその小さな薔薇を」と読むこともできるでしょう。

(Röslein) wehrte sich und stach,

小さな薔薇は自分を守り、そして刺した

　wehrte「守った」は規則動詞です。ですからその三基本形は「wehren wehrte gewehrt」です。sich には、「自分に」という意味の3格と、「自分を」という意味の4格の用法がありますが、ここは4格の「自分を」という意味で使われています。つまり「自分を守った」のです。stach「刺した」の三基本形は「stechen stach gestochen」です。すべて合わせると、「小さな薔薇は自分を守り、そして刺した」となります。

half ihm doch (kein Weh und Ach),

「痛い」や「嗚呼」と言っても、それには助けにならなかった

　Weh「ヴェー」は擬音で、身体のどこかが痛いときに人間の口から出る声を擬した言葉です。動詞 weinen「ヴァイネン＝泣く」と同源の言葉です。Ach「アッハ」は日本語の「嗚呼」にあたり、「哀しみ、嘆き、苦痛」などを表す間投詞です。つまり「『痛い』や『嗚呼』という言葉は」ということです。half「（人に）助けになった」は helfen（英語の help にあたる）の過去形で、その三基本形は「helfen half geholfen」です。この helfen は「人の3格」を取り、「人に（＝つまり人の）助けになる」という意味です。英語の help は直接目的語（ドイツ語でいう4格）を取るのですが、ドイツ語の helfen は3格を取るのです。ihm は es（それ＝つまり薔薇）の3格で、「それに（対して）助けになる」という意味です。ここには否定冠詞 kein（英語の no にあたる）が付いているので「それには（＝薔薇には）助けにならなかった」ということです。すべてまとめると、「『痛い』や『嗚呼』と言っても、それには助けにならなかった」となります。

musst' es eben leiden.

それをそのまま耐え忍ぶしかなかった

> musst' は musste の略です。これは müssen「〜しなければならない（〜するしかない）」という意味の助動詞の過去形で、その三基本形は「müssen musste gemusst」です。musste の最後の e を省略する理由は、省略しないと、musste es という風に e が二つ重なって、発音しにくくなるからです。この es は 4 格で、「それを」（つまり「折られること」を）という意味です。eben は「そのまま」。leiden は先にも見た「〜を耐え忍ぶ」です。すべて合わせると、「（薔薇は）それをそのまま耐え忍ぶしかなかった」となります。
>
> この es を 1 格と取って、「それ（薔薇）は耐えるしかなかった」と読むことも文法的には可能ですが、意味的にいうと、この es は 4 格と取るのが妥当でしょう。ただその場合、「主語の es（薔薇）は略されている」と考えます。

Röslein, Röslein, Röslein rot,
Röslein auf der Heiden.

ローレライ

Loreley

著者の目についた「ローレライ」の URL を、以下に 4 つ挙げておきます。

初音ミクが歌うドイツ語の「ローレライ」で、二
声のハモりが美しい
https://youtu.be/4sK-AZko76Q

歌をバックにライン下りをしながら、ローレライ
の岩を眺める動画
https://youtu.be/qsoH6QFKX_4

近藤朔風訳の「ローレライ」の女性独唱で、不思
議にも日本の歌のように聞こえる
https://youtu.be/hmWDtSD98c0

メロディなしに詩を朗読するヴァージョンで、脚
韻を踏んでいるのがよく分かる
https://youtu.be/XtnMFDX9yS0

Loreley

ローレライ

❶

Ich weiß nicht, was soll es bedeuten,
dass ich so traurig bin;
Ein Märchen aus alten Zeiten,
das kommt mir nicht aus dem Sinn.
Die Luft ist kühl und es dunkelt,
und ruhig fließt der Rhein;
Der Gipfel des Berges funkelt
im Abendsonnenschein.

❷

Die schönste Jungfrau sitzet,
dort oben wunderbar,
ihr gold'nes Geschmeide blitzet,
sie kämmt ihr goldenes Haar;
sie kämmt es mit goldenem Kamme
und singt ein Lied dabei.
das hat eine wundersame,
gewaltige Melodei.

❸

Den Schiffer im kleinen Schiffe
ergreift es mit wildem Weh:
er schaut nicht die Felsenriffe,
er schaut nur hinauf in die Höh',
Ich glaube, die Wellen verschlingen
am Ende Schiffer und Kahn;
und das hat mit ihrem Singen
die Lorelei getan.

こちらも、「近藤朔風による訳詩」〈A〉をまず見ておきましょう。「子供の頃に歌った」という贔屓も無意識に入っているのかもしれませんが、それにしても美しい日本語です。それに対して、ドイツ語を直訳すると〈B〉になります。

― 〈A〉近藤朔風訳 ―	―――――― 〈B〉直訳 ――――――
❶	**❶**
なじかは知らねど 心わびて	私は知らない、それが一体何を意味するのかを、
	私がこれほど悲しいということが。
昔の伝説は そぞろ身にしむ	古い時代から伝わる一つの物語が、
	それが私の心から出ていこうとしないのだ。
寥しく暮れゆく ラインの流	空気は涼しく、そして日は暮れてゆく、
	そして静かにライン川は流れてゆく。
入日に山々 あかく映ゆる	山の頂上はキラキラと輝いている、
	夕方の太陽の輝きの中で。
❷	**❷**
美し少女の 巌頭に立ちて	最も美しい娘が立っている、
	あの上の方に、不思議なことに。
黄金の櫛とり 髪のみだれを	彼女の金色の装身具はキラキラと光っている、
	彼女は、彼女の金色の髪の毛をといている。
梳きつつ口吟む 歌の声の	彼女はそれを、金色の櫛でといている、
	そしてそのとき、ある歌を歌うのだ。
神怪しき魔力に 魂もまよう。	それは持っているのだ、ある不思議な、
	強力なメロディを。
❸	**❸**
漕ぎゆく舟びと 歌に憧れ	小さな舟の中の船乗りを、
	それは激しい悲しみによって捉えてしまう。
岩根も見やらず 仰げばやがて	彼は岩礁を見ない、
	彼はただ上方を、上の方だけを見る。
浪間に沈むる ひとも舟も	私は思うが、波が飲み込んでしまうのだ、
	最後には、その船乗りと小舟を。
神怪しき魔歌 謡うローレライ	そしてこのことを、彼女の歌声によって、
	あのローレライが行なったのだ。

では、なぜこういう直訳になるのかを、以下で見てゆきましょう。

解　説

　まず、そもそも「ローレライ」Lorelei とはどういう意味なのか、と
いうことですが、語源的には、もとは Lur - lei と書かれ、これは
Lauernder Fels という意味でした（本書で書いている語源関係の内容は、
すべて小学館『独和大辞典』によるものです。語源を調べると、その民
族の深層意識が分かりますから、ぜひ皆さん、辞書を引くときは語源ま
で調べてみてください。たとえば、「エヴァンゲリオン」に出てくる「ゼー
レ機関」ですが、あの「ゼーレ」はドイツ語の Seele です。その Seele
をこの『独和大辞典』(1982-1983 頁) で引いてみると、「心、魂…」と意味
の説明が書かれた後に、最後に語源の欄があり、そこには〔germ. „zum
See Gehörige" ; ◇ See ; engl. Soul〕と書かれています。「germ.」とは「ゲ
ルマン語」という意味です。„zum See Gehörige" とは「湖に属するもの」
という意味です。「◇ See」とは「See と語源的な関連あり」という意味
です。そして「engl. Soul」とは「英語の Soul にあたる」という意味で
す。だから Seele「魂」と See「湖」は、ほぼ同形なのです。つまり古代
ゲルマン人たちは、「人間の魂は湖からやってきて、死ねば湖へ帰ってゆ
く」と考えていたのであり、その考えは恐らく今でも、ドイツ民族の深
層意識に生き続けているのです）。

　「ローレライ」に戻ります。lauern は「待ち伏せする」という意味の動
詞です。-d が付いて現在分詞「〜待ち伏せをしているヨウナ」になって
います。Fels は「岩」です。そして Lei も「岩」という意味の名詞です。
つまり Lorelei（Lur - lei）とは、（舟を座礁させるべく）「待ち伏せをし
ている岩礁」という意味の言葉なのです。

●●●

❶

Ich weiß nicht, was soll es bedeuten,
dass ich so traurig bin;
Ein Märchen aus alten Zeiten,
das kommt mir nicht aus dem Sinn.
Die Luft ist kühl und es dunkelt,
und ruhig fließt der Rhein;
Der Gipfel des Berges funkelt
im Abendsonnenschein.

　❶番は、物語の語り手が、夕暮れのライン川を見ながら感傷にひたり、「実は私は、ある物語のことを考えると、わけもなく悲しくなって仕方がないのです」と告白して、「ローレライ物語」の紹介をする部分です。

(Ich) weiß nicht, was soll (es) bedeuten,
私は知らない、それが一体何を意味するのかを、

　(Ich) weiß nicht で「私は知らない」。was soll (es) bedeuten, の was は4格で「何を」です。主語は es で、これは次の行の dass と es … dass の構文を作っています。soll は助動詞 sollen の3人称単数の形で、ここでは「一体～なのか」という意味で使われています。

dass (ich) so traurig bin;
私がこれほど悲しいということが。

　es … dass の構文の dass 以下（＝真主語）の部分です。本当の語順は (ich) bin so traurig.「私はこれほど悲しいのだ」ですが、dass は副文を作るので、動詞 bin が後置されて、dass (ich) so traurig bin という形になっています。
　1～2行をまとめると、語り手は、「私がこれほど悲しいということが、一体何を意味するのかを、私は知らない」、つまり「なぜ自分がこんなに悲しくなるのか、その理由が私には分からない」、と言っているのです。

(Ein Märchen[n 1] aus alten Zeiten[f pl 3]),

古い時代から伝わる一つの物語が、

> Märchen[n] は「物語」です。aus alten Zeiten[f pl 3] の alten を uralten と書くヴァージョンもあります。この ur - は「始源的な」という意味の接頭辞です。つまり aus alten Zeiten[f pl 3] は「古い時代からの（＝から伝わる）」という意味ですが、これを aus uralten Zeiten[f pl 3] とすると、「古い古い時代からの」（遥かな昔からの）という意味になります。

(das) <u>kommt</u> mir nicht aus dem Sinn[m 3].

それが私の心から出ていこうとしないのだ。

> <u>kommt</u> mir は「それが私の所へやってくる」です。Sinn[m] は「知覚、感覚、意識」という意味の言葉ですが、日本語の用法としてはこれは「心」にして、「心から外へ」（出ていこうとしない）となり、合わせて「それが私の所へやってきて、心から外へ（出ていこうとしない）」となる…と思ったのですが、ネイティヴの知人に尋ねると、ここにある kommt は geht と同じ意味であり、この行全体は das <u>geht</u> mir nicht aus dem Sinn[m 3] ということなので、特に「私の所へやってくる」と訳す必要はないそうです。この行は、直訳すると「それが私の心から出て行こうとしない」であり、それはつまり「私はそれを忘れられない」という意味だ、ということです。
>
> そういえば英語の come にも、そういう用法があります。come は一般的には「来る」という意味ですが、「（話者が相手の所へ）行く・参る」という意味の用法があります。たとえば May I come to your house?「お宅へ伺ってよろしいでしょうか？」や、I am coming.「（呼ばれたとき・注文を受けたときなど）すぐ参ります」などです（『ランダムハウス英和大辞典』546 頁）。ローレライのこの kommt も、これに準じた「行く」という意味で使われているのですね。

(Die Luft[f 1]) <u>ist</u> kühl und (es) <u>dunkelt</u>,

空気は涼しく、そして日は暮れてゆく、

kühl は英語の cool にあたり「涼しい」です。dunkeln「日が暮れる」（暗くなる）は英語の darken にあたる動詞です。実際に使うと Es dunkelt.（英語は It darkens.）になります。天候を示す場合は、ドイツ語でも英語でも es（it）を形式主語として使い、これをわざわざ「それは」とは訳さないのです。

und ruhig fließt (der Rhein);

そして静かにライン川は流れてゆく。

文頭に und ruhig「そして静かに」という非主語があるので、第 2 位置に動詞 fließt「流れる」が入り、第 3 位置に der Rhein「ライン川」が入って、「そして静かにライン川は流れてゆく」となります。

(Der Gipfel des Berges) funkelt

山の頂上はキラキラと輝いている、

funkeln は「キラキラと輝く」という意味の動詞で、Funke「火花、閃光、きらめき」と同源の言葉です。

im Abendsonnenschein.

夕方の太陽の輝きの中で。

Abend（英語の evening にあたる）は「夕方」。Sonne（英語の sun にあたる）は「太陽」。Schein（英語の shine にあたる）は「輝き」です。合成名詞の性は最後の構成要素で決まりますので、この m・f・m で作られた合成名詞「夕方の太陽の輝き」全休の性は m になります。

❷

Die schönste Jungfrau sitzet,
dort oben wunderbar,
ihr gold'nes Geschmeide blitzet,
sic kämmt ihr goldenes Haar;
sie kämmt es mit goldenem Kamme
und singt ein Lied dabei.
das hat eine wundersame,
gewaltige Melodei.

この❷番から、「ローレライ物語」の実際の内容が始まります。

(Die schönste Jungfrau) <u>sitzet,</u>

最も美しい娘が立っている、

schönst は、schön「美しい」に最上級を示す st が付いた、「最も美しい」（＝実に美しい）という意味の形容詞です。その schönst を使った die schönste Jungfrau「最も美しい娘が」は、**類型⑨**の 2.「弱変化」の f 1 の die gute Mutter「そのよい母が」と同じ形です。

dort oben wunderbar,

あの上の方に、不思議なことに。

dort は「あそこに」。oben（英語の above にあたる）は「上の方に」。wunderbar（英語の wonderful にあたる）は「不思議なことに」です。絶世の美女が、不思議なことに断崖の上に立っているのです。

(ihr gold'nes Geschmeide) <u>blitzet,</u>

彼女の金色の装身具はキラキラと光っている、

gold'n は golden「金色の」の略です。Geschmeide は雅語で「（高価な）装身具、アクセサリー」です。これは Schmied（英語の smith にあたる）「金属細工師、鍛冶屋」と同源の言葉です。その gold'n を使った ihr gold'nes Geschmeide「彼女の金色の装身具は」は、**類型⑨**の 3.「混合変化」の n 1 の ein gutes Kind「あるよい子供は」と同じ形です。不定冠詞 ein を不定冠詞類 ihr（英語の her「彼女の」にあたる）で置き換え、さらに gut を gold'n で置き換えて、ihr gold'nes Geschmeide となったものです。blitzen は「キラキラ光る」という意味の動詞です。

(sie) kämmt ihr goldenes Haar;

彼女は、彼女の金色の髪の毛をといている。

kämmen は「（髪の毛を）とく」という意味の動詞で、Kamm（英語の comb「櫛」にあたる）と同源の言葉です。ihr goldenes Haar「彼女の金色の髪の毛を」は、**類型⑨**の 3.「混合変化」の n 4 の ein gutes Kind「あるよい子供を」と同じ形です。

(sie) kämmt es mit goldenem Kamme

彼女はそれを、金色の櫛でといている、

(sie) kämmt es で「彼女はそれ（髪の毛）をとく」です。Kamme は、Kamm「櫛」の後ろに e が付いてできていますが、これは、半世紀ほど前までのドイツ語では、m 3 と n 3 の名詞の後ろに -e が付いていたからです。現在はもうこの用法は使われません。この -e の名残は、ドイツの国会議事堂 Reichstag へ行けば見られます。国会議事堂のコリント式の柱の上にあるエンタブラチュア（＝横長の欄干）を見ると、そこには dem deutschen Volke「ドイツ人民（のため）に」と書かれています。その -e が、古いドイツ語の n 3 の後ろに付いていた -e です。mit は 3 格支配の前置詞「〜で」であり、それゆえ mit goldenem Kamme は「金色の櫛で」となります。

und <u>singt</u> ein Lïed dabei.

そしてそのとき、ある歌を歌うのだ。

dabei は「そのとき」という副詞です。

(das) <u>hat</u> eine wundersame,

それは持っているのだ、ある不思議な、

(das) <u>hat</u> で、「それ（= Lied）は持っている」です。wundersame は、次の行とつながっています。

gewaltige Melodei.

強力なメロディを。

前の行とつないで、eine wundersame gewaltige Melodei で「ある不思議な強力なメロディを」です。これは、**類型**⑨の 3.「混合変化」の f 4 の eine gute Mutter「あるよい母を」と同じ形です。形容詞語尾は、形容詞が 2 つ並んでも 3 つ並んでも同じ形になります。

最後の Melodei は、本当は Melodie「メロディ」（英語の melody にあたる）です。なぜ最後の i と e をひっくり返して Melodei「メロダイ」にしているのかというと、脚韻を踏むためです。この「ローレライ」では、「1 と 3」「2 と 4」「5 と 7」「6 と 8」行がすべて脚韻を踏んでいます。この❷番では 6 行目が dabei「ダーバイ」で終わっているので、その「アイ」の音に合わせるために、この 8 行目も Melodei「メロダイ」にしているのです。

❸

Den Schiffer im kleinen Schiffe
ergreift es mit wildem Weh:
er schaut nicht die Felsenriffe,
er schaut nur hinauf in die Höh',
Ich glaube, die Wellen verschlingen
am Ende Schiffer und Kahn;
und das hat mit ihrem Singen
die Lorelei getan.

Den Schiffer im kleinen Schiffe

小さな舟の中の船乗りを、

> im kleinen Schiffe「小さな舟の中の」の Schiffe に **-e** が付いている
> のも、先程の「昔のドイツ語の m 3 と n 3 の名詞に **-e** が付く」という形
> です。im は in dem の融合形ですから、im kleinen Schiffe は in dem
> kleinen Schiffe であり、この dem kleinen Schiffe は、**類型**⑨の 2.「弱
> 変化」の n 3 の dem guten Kind と同じ形です。

<u>ergreift</u> (es) mit wildem Weh:

それは激しい悲しみによって捉えてしまう。

> <u>ergreift</u> (es) の es「それ」は、Lied（ローレライが歌う歌）のことです。
> mit は 3 格支配の前置詞（〜によって）であり、wildem Weh は、**類型**
> ⑨の 1.「強変化」の n 3 の gutem Kind と同じ形です。ローレライの歌
> 声を聞いた船乗りは、激しい悲しみに捉えられてしまうのです。

(er) <u>schaut</u> nicht die Felsenriffe,

彼は岩礁を見ない、

Felsenriffe の Fels[n pl][m] は、先述の通り「岩」です。Felsen[m]「岩塊」という形の名詞もあります。Riffe は Riff[n]（英語の reef にあたる）「岩礁、暗礁」の複数形です。彼（船乗り）はローレライの歌に魂を奪われて（声が聞こえてくる上方ばかりを見て）、水中に潜んでいる危険な岩礁を、もう見なくなってしまうのです。

(er) schaut nur hinauf in die Höh'[f 4],

彼はただ上方を、上の方だけを見る。

> nur は「ただ〜だけを」。hinauf は「上方を」という副詞です。Höh'[f] は Höhe（英語の height にあたる）「上の方、高み」です。in が４格支配をしているので、これは「上の方へ」という方向を示す用法です。

(Ich) glaube, (die Wellen[f pl 1]) verschlingen

私は思うが、波が飲み込んでしまうのだ、

> ich glaube は英語の I think にあたり、「私は思うが」（＝私の思うには）という挿入句です。Wellen[f pl] は Welle[f]「波、波浪」の複数形です。

am Ende[n 3] Schiffer[m 4] und Kahn[m 4];

最後には、その船乗りと小舟を。

> am Ende[n 3] は熟語で「最後には」です。

und das hat mit ihrem Singen[n 3]

そしてこのことを、彼女の歌声によって、

> この das は４格で「それを」です。そして、この行の hat と次行の getan は、「haben ＋ ... 過去分詞」という形の「現在完了形」を作っています。ここは「行なった」という意味になります。getan の三基本形は「tun tat getan」です。Singen[n] は、「動詞をそのまま大文字にすると中性名詞にな

る」という形で、この Singen[n] は「歌うこと」「歌」です。

(die Lorelei) getan.[f 1]

あのローレライが行なったのだ。

　「この悲劇は、すべてローレライがあの歌によって行なったことなのだ」
というハイネの詠嘆によって、この詩は締めくくられるのです。

　第一部の「魔王」「狩人の合唱」「第九」は、筆者が中学校で習った曲です。
　ここまで見た第二部の「野ばら」「ローレライ」は、筆者が小学校で習っ
た曲です。
　次に続く第三部の「歌の翼に」「主よ、人の望みの喜びよ」「ドイツ国歌」
は、習った習わないとは関係なく、いま筆者が美しいと思っている曲です。

第三部

歌の翼に

Auf Flügeln des Gesanges

筆者の目についた「歌の翼に」のURLを、以下に4つ挙げておきます。

バーバラ・ボニーによる、この世のものならぬほ
ど美しい歌唱

https://youtu.be/Xfj4thZrFj4

スザンナ・フィリップスによる、大人の情感にあ
ふれた豊穣な歌唱

https://youtu.be/LzKZS3OGUw8

英訳を見ながら絵本と一緒に視聴できるヴァー
ジョン

https://youtu.be/h9o5WYCgGuY

「歌の翼に あこがれ乗せて」で始まる久野静夫氏
の有名な訳詩を歌うヴァージョン

https://youtu.be/65lNSbMplbA

Auf Flügeln des Gesanges

歌の翼に

❶

Auf Flügeln des Gesanges,
Herzliebchen, trag ich dich fort,
Fort nach den Fluren des Ganges,
Dort weiß ich den schönsten Ort;
Dort liegt ein rotblühender Garten
Im stillen Mondenschein;
Die Lotosblumen erwarten
Ihr trautes Schwesterlein.

❷

Die Veilchen kichern und kosen,
Und schauen nach den Sternen empor,
Heimlich erzählen die Rosen
Sich duftende Märchen ins Ohr.
Es hüpfen herbei und lauschen
Die frommen, klugen Gazelln,
Und in der Ferne rauschen
Des heilgen Stromes Welln.

❸

Dort wollen wir niedersinken
Unter dem Palmenbaum,
Und Lieb und Ruhe trinken
Und träumen seligen Traum.
Und träumen seligen Traum,
Seligen Traum.

まず、「歌の翼に　あこがれ乗せて」で始まる、久野静夫氏による有名な訳詩〈A〉を挙げておきます。「夜の女神は　君をいざなう」や「鳥はたわむれ」のあたりは原詩にはなく、久野氏による自由訳ですが、実際に歌ってみると、実にうまくリズムに乗る翻訳ですね。これに対して、ドイツ語を直訳すると〈B〉になります。

―〈A〉久野静夫訳―	――――― 〈B〉直訳 ―――――
❶	❶
歌の翼に　あこがれ乗せて	歌の翼たちの上で（に乗せて）、
	心から愛する可愛い人よ、僕は君を運び去る。
思いしのぶ　ガンジス	はるかにガンジス川の野原まで、
はるかの　かなた	そこに僕は、最も美しい場所を知っている。
うるわし花園に　月は照りはえ	そこには赤く花咲く庭が横たわっているんだ、
	静かな月の光の中で。
夜の女神は　君をいざなう	蓮の花たちが待ちわびているよ、
夜の女神は　君をいざなう	彼女らの大切な妹（のような君）を。
❷	❷
すみれの花は　ささやく　星に	スミレたちはキャッキャッと笑ってふざけ合って、
	星たちを見上げる。
ばらは　ほほえみて	薔薇たちはこっそり語るんだ、
ほのかに　香る	匂い立つような物語たちを互いの耳の中へと。
うるわし花園に　鳥はたわむれ	そして飛び跳ねてやってきて聞き耳を立てるのは、
	信心深く利口なガゼルたち。
夜の女神は　君をいざなう	そして遠くでサラサラと音を立てているのは、
夜の女神は　君をいざなう	聖なる大河の波たち。
❸	❸
今宵も憩わん　椰子の葉陰	そこで僕らは横になろう、
	椰子の木の下で。
ともに語りて　楽し夢見ん	そして愛と安らぎを飲んで、
	そして幸せな夢を夢見よう。
楽し夢見ん	そして幸せな夢を夢見よう、
楽し夢	幸せな夢を。

※❸の「今宵も憩わん」には「こよい」「いこ」の読み仮名が付されている。

　では以下で、なぜこういう直訳になるのかを見てゆきましょう。

❶

Auf Flügeln des Gesanges,
Herzliebchen, trag ich dich fort,
Fort nach den Fluren des Ganges,
Dort weiß ich den schönsten Ort;
Dort liegt ein rotblühender Garten
Im stillen Mondenschein;
Die Lotosblumen erwarten
Ihr trautes Schwesterlein.

Auf Flügeln des Gesanges,

歌の翼たちの上で（に乗せて）、

　Flügel「翼」は、動詞 fliegen（英語の fly にあたる）「飛ぶ」の名詞形です。その複数も Flügel という同形ですが、ここには「複数3格に付く -n」が付いているので、複数だと分かります。羽ばたくには翼が2枚必要なので、ここでは複数が使われているのですね。そして auf は、「翼の上に君を乗せたまま」で運ぶ、と一定の「場所」を表しているので、ここでは3格を支配しています。Gesang「歌」は、動詞 singen「歌う」の三基本形 singen, sang, gesungen の過去分詞 gesungen から派生した形であり、「歌われたもの」が原意です。

Herzliebchen, trag (ich) dich fort,

心から愛する可愛い人よ、僕は君を運び去る。

　Herzliebchen を分解すると、まず Herz（英語の heart にあたる）は「心臓・心」であり、lieb は「愛する・愛しい」という形容詞であり、-chen

は「小さな・可愛い」という意味の指小辞であって、中性名詞を作ります。それで合わせて Herzliebchen[n1] で、「心から愛する可愛い人」となります。ここではそれを、「呼びかけの1格」として使っています。fort|tragen は「運び去る」という意味の分離動詞です。前綴りの fort（英語の forth にあたる）は、もとは「さらに前へ・はるかに」という意味の副詞であり、それをここでは分離動詞の前綴りとして使っているのです。

Fort nach den Fluren[fpl3] des Ganges[m2],

はるかにガンジス川の野原たちまで、

　fort は、前述の通り「はるかに」という意味の副詞です。nach は「～の方へ、～まで」という意味の＋3の前置詞です。Flur[f]（英語の floor にあたる）は雅語で「耕作地・野原」であり、Fluren[fpl3] はその複数形3格です。Ganges[m] は「ガンジス川」であり、もともとこの名詞には -es が付いているので、2格で使われても、さらに -es が重ねて付くことはありません。
　この nach についてもう少し詳しく言うと、ここでは一般名詞 Flure[fpl]「野原たち」の前に付いて nach Fluren[fpl3]「野原たちへ」となっていますが、これは nach の古い用法です。現在では、nach は「国や都会や街などの名前」の前にだけ付く言葉です。たとえば nach Osaka「大阪へ」や nach Europa「ヨーロッパへ」などです。ですから、たとえば一般名詞である Universität[f]「大学」の前に付けて nach Universität などとすると間違いになります。この場合は zu を付けて zur Universität[f3]「大学へ」とするのが現在の用法です。

Dort weiß (ich) den schönsten Ort[m4];

そこに僕は、最も美しい場所を知っている。

　形容詞 schön「美しい」に最上級を示す -st が付いて、schönst で「最も美しい」です。その形容詞を、den schönsten Ort[m4]「最も美しい場所を」という形で使っています。これは類型⑨の2.「弱変化」の m 4 の den guten Vater「そのよい父を」と同じ形です。

Dort liegt (ein rotblühender Garten)

そこには赤く花咲く庭が横たわっているんだ、

> dort は、「そこに」という副詞です。liegen（英語の lie にあたる）は、「横たわる」つまり「ある」という意味の動詞です。rotblühen を分解すると、rot（英語の red にあたる）は「赤い」という意味の形容詞で、blühen は「花咲く」という動詞であり、合わせて rotblühen で「赤く花咲く」という合成動詞です。それに -d を付けて rotblühend で、「赤く花咲くヨウナ」という現在分詞（＝形容詞）になります。この形容詞を、ein rotblühender Garten「ある赤く花咲く庭が」という形で使っています。これは類型⑨の 3.「混合変化」の m 1 の ein guter Vater「あるよい父が」と同じ形です。

Im stillen Mondenschein;

静かな月の光の中で。

> still（英語の still にあたる）は、「静かな」という意味の形容詞です。Mond（英語の moon にあたる）は「月」であり、Schein（英語の shine にあたる）「光」は、動詞 scheinen「光る・現れる」から en を取り除いて作った男性名詞であり、合わせて Mondenschein で「月の光」です。これは本当は Mondschein という言葉なのですが、詩のリズムを合わせるために、接合部分に en を入れて Mondenschein としています。

(Die Lotosblumen) erwarten

蓮の花たちが待ちわびているよ、

> Lotos（英語の lotus にあたる）「蓮」は、仏教では「悟り」の象徴です。この言葉には、当時のドイツ人がもっていたオリエンタリズム（オリエントへの憧れ）が感じられます（その Orient「オリエント・東洋」という言葉はラテン語の動詞 orīrī「昇る」から来ており、これは「（ヨーロッパから見て）日の昇る地方」という原意の言葉です）。Blume（英語の

bloom にあたる）は「花」であり、Blumen はその複数形です。合わせ
て Lotosblumen で「蓮の花たち」になります。erwarten は「（〜の到来
を）待ちわびる」という意味の動詞です。

Ihr trautes Schwesterlein.

彼女らの大切な妹（のような君）を。

　この ihr は、**類型⑦**「不定冠詞類」の「ihr（英語の their にあたる）彼
ら（彼女）の」です。traut は「愛する、大切な」という意味の形容詞。
Schwesterlein は、Schwester（英語の sister にあたる）「姉妹」に、「小
さな」を意味する指小辞 -lein が付いて、「小さな姉妹」つまり「妹」を
意味する中性名詞になったものです。これを英語にすると their beloved
little sister「彼女らの大切な妹を」くらいになるでしょう。この歌の主
人公は彼女に、「ガンジスの野原に咲く蓮の花たちが君のことを、自分の
妹のように待ちわびているよ」と優しく語りかけているのです。

　この ihr には4種類の意味があって、少しややこしいので、ここでまと
めておきます。

　その1は、「君たちは」という意味の人称代名詞1格です。これは英語
の you にあたります。これについては**類型①**を見てください。

　その2は、「彼女に」という意味の人称代名詞 sie の3格です。これは
英語の I give her a dog.「私は彼女に犬をあげる」の her にあたります。
これについては**類型②**を見てください。

　その3は、「彼女の」という意味の不定冠詞類 ihr です。これは英語の
I like her dog.「僕は彼女の犬が好きだ」の her にあたります。これにつ
いては**類型⑦**を見てください。

　その4は、「彼ら（彼女ら）の」という意味の不定冠詞類 ihr です。こ
れは英語の I like their dog.「僕は彼ら（彼女ら）の犬が好きだ」の
their にあたります。これについても**類型⑦**を見てください。

　そしてこの箇所では ihr は、その4の「彼女らの」という意味で使われ
ています。

❷

Die Veilchen kichern und kosen,

Und schauen nach den Sternen empor,

Heimlich erzählen die Rosen

Sich duftende Märchen ins Ohr.

Es hüpfen herbei und lauschen

Die frommen, klugen Gazelln,

Und in der Ferne rauschen

Des heilgen Stromes Welln.

(Die Veilchen) kichern und kosen,

スミレたちはキャッキャッと笑ってふざけ合って、

> Veilchen（英語の violet にあたる）は「スミレ」という中性名詞ですが、定冠詞が die なので複数だと分かります。kichern は「擬音」であり、「くすくす笑う・（小声で）キャッキャッと笑う」という意味の動詞です。日本人には「キャッ・キャッ」と聞こえる声が、ドイツ人には「キッヒャ・キッヒャ」と聞こえるのですね。ki という音が東西で共通していることが興味深いです。kosen は「（抱擁・接吻などをして）愛撫する、いちゃつく」という意味の動詞で、ここでは「ふざけ合う」と訳しました。

Und schauen nach den Sternen empor,

星たちを見上げる。

> empor は、もとは「上方へ」という意味の副詞であり、それをここでは前綴りとして使って、empor|schauen で「上方を見る＝見上げる」という分離動詞にしています。ネイティヴの知人によると、この empor は、「とても古く、現在ではほとんど使われない、文学的な言葉」だということです。Stern（英語の star にあたる）は「星」で、その複数形が Sterne であり、その後ろに付いている -n は、複数名詞 3 格に付く -n です。

Heimlich erzählen（die Rosen[f pl 1]）

薔薇たちはこっそり語るんだ、

　heimlich は「ひそかな、秘密の」という意味の形容詞であり、ここで
はそれを「ひそかに・こっそり」という意味の副詞として使っています。
Rosen は Rose[f]（英語の rose にあたる）「薔薇」の複数形です。erzählen
は「物語る」という意味の動詞です。

Sich duftende Märchen[n pl 4] ins Ohr[n 4].

匂い立つような物語たちを互いの耳の中へと。

　この sich は「互いに」という副詞として使われています。duftend は、
動詞 duften「（ほのかに快く）香る・匂う」に -d を付けて作った「現在
分詞」であり、「香る・匂うヨウナ」という意味になります。そのもとになっ
た Duft[m]「（ほのかに快い）香り・匂い」は、Dampf[m]（英語の damp にあ
たる）「蒸気」と同源の言葉です。Ohr[n]（英語の ear にあたる）「耳」は中
性名詞で、ins（= in das）と in が4格支配をしているので、これは「方
向」を表して「耳の中へ」という意味になります。つまり薔薇たちは、しっ
とりとした匂い立つような物語を、互いの耳元へとささやき合っている
のです。

(Es) hüpfen herbei und lauschen

そして飛び跳ねてやってきて聞き耳を立てるのは、

　es は「仮主語」であり、「真主語」は次の行の Gazelln です。hüpfen（英
語の hop にあたる）は「ホップする・飛び跳ねる」という意味の動詞です。
herbei は「こちらへ」という意味の副詞で、ここでは分離動詞の前綴り
として使われています。つまり herbei|hüpfen で「こちらへホップして（飛
び跳ねて）やってくる」です。lauschen（英語の listen にあたる）は「隠
れてひそかに聞く、聞き耳を立てる」という意味の動詞です。

(Die frommen, klugen Gazelln),

信心深く利口なガゼルたち、

> fromm は「敬虔な・信心深い」という宗教的な意味をもつ形容詞です。klug は「(人・動物が)賢い、利口な」という意味の形容詞です。Gazelle「ガゼル」は、アフリカ産のカモシカ類で「軽快な優美さの象徴」です。その Gazelle の複数形は Gazellen なのですが、ここでは詩のリズムを合わせるために e を落として Gazelln としています。

Und in der Ferne rauschen

そして遠くでサラサラと音を立てているのは、

> fern（英語の far にあたる）は「遠い」という意味の形容詞。Ferne はその名詞形で「遠く・遠方」です。rauschen も「擬音」であり、「ザワザワ(サラサラ)という音を立てる」という意味の動詞です。日本人には「ザワザワ・サラサラ」と聞こえる音が、ドイツ人には「ラウシュ・ラウシュ」と聞こえるのですね。

(Des heilgen Stromes Welln).

聖なる大河の波たち。

> ここに heilgen「神聖な」とあるのは、heiligen の略形です。詩のリズムを合わせるために i を落としています。Strom（英語の stream にあたる）は「大河（の流れ）」で、ガンジス川のことです。Welle は「波」で、その複数は Wellen ですが、その e を落として Welln として、2 行上の Gazelln と韻を踏んでいます（この「韻」について詳しくは、次の「主よ、人の望みの喜びよ」を見てください）。またこの箇所の本当の語順は Wellen des heiligen Stromes「聖なる流れの波たち」ですが、その Gazelln と韻を踏むために倒置して des heilgen Stromes Welln としています。

130

❸

Dort wollen wir niedersinken
Unter dem Palmenbaum,
Und Lieb und Ruhe trinken
Und träumen seligen Traum.
Und träumen seligen Traum,
Seligen Traum.

Dort <u>wollen</u> (wir) <u>niedersinken</u>

そこで僕らは横になろう、

> dortは「そこで」という意味の副詞。wollenは「～しよう・するつもり」という意味の助動詞です。nieder（英語のnetherにあたる）は、形容詞なら「低い」であり、副詞なら「下へ」という意味です。sinken（英語のsinkにあたる）は「沈む」です。合わせてnieder|sinkenで「下へ沈む」という意味で、ここではそれを「横になる」と訳しました。

Unter dem Palmenbaum,

椰子の木の下で。

> Palme（英語のpalmにあたる）は「ヤシ・椰子」であり、Baum（英語のbeam）は「木・樹木」であり、合わせてPalmenbaumで「椰子の木」になります。

Und Lieb und Ruhe trinken

そして愛と安らぎを飲んで、

> Liebは Liebe「愛」の省略形です。eを残してLiebe undであれば、「リーベ・ウント」と発音されます。でもLieb undにすると、「リープ・ウント」

と発音されて、発音がなめらかになります。そのためにこの e は略され
ているのですね。Rŭhe は動詞 ruhen「休む、休息する」の名詞形で「安
らぎ」という意味です。

Und träumen seligen Trȧum.

そして幸せな夢を夢見よう。

träumen「夢見る」は、名詞 Trȧum（英語の dream にあたる）「夢」
の動詞形です。selig は、「（死んで）天福にあずかった・至福、浄福の」
という宗教的な意味をもつ形容詞で、「（この世のものならぬほど）幸せな」
という意味です。

Und träumen seligen Trȧum,

そして幸せな夢を夢見よう、

Seligen Trȧum.

幸せな夢を。

主よ、人の望みの喜びよ

Jesus bleibet meine Freude

筆者の目についた「主よ、人の望みの喜びよ」の URL を、以下に 4 つ挙げておきます。

バッハ関係の旧跡と典型的なキリスト教図像が見られる 530 万回視聴のヴァージョン
https://youtu.be/d9EN27Zh_vg

トン・コープマン指揮による 160 万回視聴の古典的な名演
https://youtu.be/WUo7tQOvapE

ドレスデンの聖母教会で 2011 年 11 月に行なわれた静謐な雰囲気のライブ
https://youtu.be/RfaSCr6rv-8

VOCES8 による現代的な歌唱で、オーボエ伴奏も超絶的な 2020 年公開のヴァージョン
https://youtu.be/T5Df7f_BLU8

主よ、人の望みの喜びよ

Jesus bleibet meine Freude,
Meines Herzens Trost und Saft,
Jesus wehret allem Leide,
Er ist meines Lebens Kraft,
Meiner Augen Lust und Sonne,
Meiner Seele Schatz und Wonne;
Darum lass ich Jesum nicht
Aus dem Herzen und Gesicht.

これを直訳すると以下になります。

──────── 直訳 ────────

イエス様は私の喜びであり続ける、
私の心の慰めと潤いであり続ける、
イエス様はすべての苦しみを防いでくださる、
彼は私の人生の力である、
私の目たちの望みであり太陽である、
私の魂の宝であり恍惚である。
だから私はイエス様を離さない、
心と顔から。

　この詩に特徴的なのは「脚韻<ruby>脚韻<rt>きゃくいん</rt></ruby>」と「倒置」です。

　まず「脚韻」は、行の最後（つまり「脚<ruby>脚<rt>あし</rt></ruby>」の部分）で「韻を踏む」（＝音を合わせる）ということです。ちなみに、行の最初（つまり「頭」の部分）で韻を踏むことは「頭韻を踏む<ruby>頭韻<rt>とういん</rt></ruby>」と言います。

　具体的に見てみると、1 行目と 3 行目が Freude「フロイデ」と Leide「ライデ」と脚韻を踏み、2 行目と 4 行目が Saft「ザフト」と Kraft「クラフト」と脚韻を踏み、5 行目と 6 行目が Sonne「ゾンネ」と Wonne「ヴォンネ」と脚韻を踏み、7 行目と 8 行目が nicht「ニヒト」と Gesicht「ゲジヒト」と脚韻を踏んでいます（「歌の翼に」でも全体で脚韻が踏まれていますので、確認してみてください）。

　そして「倒置」です。この脚韻を成立させるために、この詞の中では、単語が多く「倒置」されていますので、こちらにも注意してください。

　また、1 行目と 3 行目の動詞が、本当は bleibt や wehrt なのに、bleibet や wehret という風に et で終わっているのは、詩のリズムを合わせているのです。詳しくはその箇所で説明します。

　では以下で、なぜ左ページのような直訳になるのかを見てゆきましょう。

(Jesus) bleibet meine Freude,

イエス様は私の喜びであり続ける、

　Jesus は、ドイツ語発音すれば「イエズス」であり（あの「イエズス会」のイエズスです）、英語発音すれば「ジーザス」です。

　この Jesus「イエス・キリスト、イエス様」は、中世以来ずっとキリスト教信者の生活の中心だった名詞で、少し特殊な変化をする名詞でもあります。1 格の「イエス様は」は Jesus ですが，2 格の「イエス様の」は Jesu に変化し、3 格の「イエス様に」も Jesu に変化し、4 格の「イエス様を」は Jesum に変化します。この語尾変化は、ラテン語から由来した形です。

この (Jesus) bleibet meine Freude. は、(Jesus) ist meine Freude. を基礎にして、それに「味付け」を加えて成立した形です。そのあたりを、①「味付けのない形」、②「『〜になる』という味付けを加えた形」③「『〜のまま』という味付けを加えた形」という 3 つの文を重ねて、さらにドイツ語と英語をも並べて、比較してみます。

① 【ドイツ語】 (Jesus) ist meine Freude.
　【英　語】　Jesus　is　my joy.
　【日本語】　イエスは私の喜びである。

② 【ドイツ語】 (Jesus) wird　　meine Freude.
　【英　語】　Jesus　becomes　my joy.
　【日本語】　イエスは私の喜びになる。

③ 【ドイツ語】 (Jesus) bleibet　meine Freude.
　【英　語】　Jesus　remains　my joy.
　【日本語】　イエスは私の喜びのままだ。

①の sein 動詞（英語の be 動詞にあたる）は、「〜である」という意味であり、この場合は、動詞の前と後ろは、何の味付けもない「100％イコール」です。そして主語は 1 格なので、動詞の後ろも 1 格であり、つまり「イエス様＝私の喜び」です。英語でいう SVC という文型です。

②の werden（英語の become にあたる）は、①の「〜である」に加えて、「〜になる」という味付けが入った形です。ですから基本的に「イエス様＝私の喜び」は変わりませんが、そこに「以前はそうではなかったが、今そうなった」という味付けの意味が入るのです。それでも、動詞の前も後ろも 1 格であることに変わりはありません。これも SVC です。

③の bleiben（英語の remain にあたる）は、①の「〜である」に加えて「〜のままである」という味付けが入った形です。ですから基本的に「イエス様＝私の喜び」は変わりませんが、そこに「これからもずっとそのままだ」という味付けの意味が入るのです。それでも、動詞の前も後ろも 1 格であることに変わりはありません。これも SVC です。

次に、「ドイツ語のリズム」について見てゆきます。この1行目にある
動詞 bleiben の3人称単数の形は bleibt です。でもここでは bleibet と
いう風に e が入った形になっています。なぜなのでしょう？

　その理由を知るには、まず「母音と子音」と「音節」という言葉を知っ
てもらわねばなりません。

●母音と子音

　まず「母音」とは、「その音を長く伸ばしても音が変わらない音」の
ことです。たとえば a「アー」という音を長く伸ばしてみてください。
「アーーーーア」と、「ア」という音が変わらずに残りますね。ですから a
は「母音」です。他方、たとえば f「エフ」を長く伸ばしてみてください。「エ
フーーーーウ」と、f がいつの間にか u「ウ」という音に変わっています。
ですから f は子音です。日本語の母音は5つあって「アイウエオ」です。
ドイツ語の母音は、ウムラウトの3つが加わって8つであり、「a, i, u, e, o,
ä, ü, ö」です。

●音節

　音節とは、「子音＋母音」というワンセットのことです。これを「竹の
節」に見立てて、「音の節」つまり「音節」と呼んでいるのです。

　では以上で確認した「音節＝子音＋母音」という考え方を使って、この
歌の1行目を見てみましょう。「子音」は「黒」のままで表し、「母音」は「赤」
で表します。すると、

Jesus bleibet meine Freude

となります。ei や eu は「二重母音」といって、「ワンセットになった
一つの母音」として勘定します。そして、単語の最後で s や t で終わって
いる箇所は、「後ろに母音が付いていない」ので、音節とは見なしません。

　ここで、音節の切れ目に | を入れてみます。すると、

Je|sus blei|bet mei|ne Freu|de

となります。つまり、この1行目の単語はすべて2音節なのです。これをリズムを付けて発音するのが、ドイツ人にとっては心地よいのですね。

　もし文法通りに bleibet を bleibt にすると、この単語だけが一音節になり、1行目全体のリズムが崩れてしまいます。そういう理由で、ここでは動詞が bleibet になっているのです（3行目の動詞 wehrt が wehret になっているのも同じ理由です）。

　この「音節」についての感覚が、ドイツ語のリズムを決定する大きな要因になっているのです。

Meines Herzens Trost und Saft,
私の心の慰めと潤いであり続ける、

　Herz（英語の heart にあたる）「心臓・心」も、独特の変化をします。1格の「心は」は Herz ですが、2格の「心の」は Herzens に変化し、3格の「心に」は Herzen に変化し、4格の「心を」は Herz のままです。この箇所は meines Herzens ですから、「私の心の」という意味です。Trost「慰め」は、形容詞 treu（英語の true にあたる）「忠実な・心変わりのしない」と同源の言葉です。「安定していて変わらないもの」が人間の心に「慰め」を与える、ということですね。Saft（英語の sap にあたる）の原意は「樹液・体液」（ジュース）であり、それから「元気」という意味が派生しました。ここは「元気（のもと）」と訳してもよいのですが、「潤い」と訳しました。

　この行の主語と動詞は、1行目の (Jesus) bleibet がそのまま続いています。そしてこの箇所の本当の語順は Trost und Saft meines Herzens「私の心の慰めと潤い」なのですが、4行目の Kraft と脚韻を踏むために、単語を倒置して Meines Herzens Trost und Saft としています。

(Jesus) wehret allem Leide,
イエス様はすべての苦しみを防いでくださる、

wehren には他動詞と自動詞がありますが、ここは自動詞（雅語）とし
て使われており、その場合は「物³」と共に使われて「〜を妨げる・防ぐ」
という意味になります。Leid「苦しみ」は、形容詞 leid（英語の loath
にあたる）「残念な、うんざりした」の名詞形です。Leide と後ろに -e が
付いているのは、「古いドイツ語の名詞 m 3 と n 3 に付く e」です。

(Er) ist meines Lebens Kraft,

彼は私の人生の力である、

　この meines Lebens Kraft の本当の語順は Kraft meines Lebens「私
の人生の力」なのですが、2 行目の Saft と脚韻を踏むために、単語を倒
置して meines Lebens Kraft としています。

Meiner Augen Lust und Sonne,

私の目たちの望みであり太陽である、

　Auge（英語の eye にあたる）は「目」であり、目は 2 つあるので複
数形 Augen が使われています。原文は meiner Augen ですから「私の
目たちの」という意味です。Lust（英語の lust にあたる）は「望み・欲
望」です。Sonne（英語の sun にあたる）は「太陽」です。この箇所の
本当の語順は Lust und Sonne meiner Augen「私の目たちの望みと太
陽」なのですが、6 行目の Wonne と脚韻を踏むために、単語を倒置して
Meiner Augen Lust und Sonne としています。

Meiner Seele Schatz und Wonne;

私の魂の宝であり恍惚である。

　Seele（英語の soul にあたる）は「魂」です。Schatz は「宝」であり、
動詞 schätzen「評価する」から en を取り去って作られた男性名詞です。
つまり「評価されるもの＝宝」ということです。Wonne は雅語で「恍惚」（喜
びを与えるもの）という意味であり、Wahn「幻想」や Venus「ヴィーナス」

と同系の言葉です。この箇所の本当の語順は Schatz[m1] und Wonne[f1] meiner Seele[f2]「私の魂の宝と恍惚」なのですが、5 行目の Sonne と脚韻を踏むために、単語を倒置して Meiner Seele[f2] Schatz[m1] und Wonne[f1] としています。

Darum lass (ich) Jesum[m4] nicht

だから私はイエス様を離さない、

　darum は、「それゆえ」という意味の副詞です。lassen（英語の let にあたる）は、ここでは「〜を手離す」という意味の動詞として使われています。主語は ich なので、本当は lasse ich ですが、詩のリズムを整えるために e を落として lass ich としています。そして Jesum[m4] は、先述のごとく Jesus[m1] の 4 格で「イエス様を」です。

Aus dem Herzen[n3] und Gesicht[n3].

心と顔から。

　aus は「〜から外へ」という意味の＋3 の前置詞です。Herzen[n3] は、先述のごとく Herz[n]「心」の 3 格です。Gesicht[n]「顔」は、動詞 sehen「見る」と同源の言葉であり、また Sicht[f]「眺望・視界」（つまり目で見られたもの）とも同源の言葉です。

　つまりここでは、「私はイエス様を、これからも心で思い続け、顔（つまり目）でも見続けるつもりです」と歌っているのです。

140

ドイツ国歌

Deutsche Nationalhymne

筆者の目についた「ドイツ国歌」の URL を、以下に 4 つ挙げておきます。

2014 年のサッカー・ワールドカップ決勝での、
ドイツチームによる国歌斉唱
https://youtu.be/hava_V0ek5U

2016 年 10 月 3 日のドイツ統一記念式典で、
ドレスデン聖十字架合唱団が歌っている
https://youtu.be/BgDtm5qZKb4

2019 年 10 月 3 日のドイツ統一記念式典で、
メルケル首相ら閣僚も歌っている
https://youtu.be/acYSlUT6-5Q

この歌の原曲である、ハイドン作曲の弦楽四重
奏曲「皇帝」
https://youtu.be/HBE1IRgy5J0

Einigkeit und Recht und Freiheit
Für das deutsche Vaterland.
Danach lasst uns alle streben
Brüderlich mit Herz und Hand!
Einigkeit und Recht und Freiheit
Sind des Glückes Unterpfand.
Blüh' im Glanze dieses Glückes,
Blühe deutsches Vaterland!

これを直訳すると以下になります。

——————— 直訳 ———————

統一と正義と自由を、
ドイツ祖国のために。
それを求めて我々は全員で努力しよう、
兄弟のように、心と手を合わせて。
統一と正義と自由は、
幸福のしるしである。
この幸福の輝きの中で花咲け（栄えよ）、
花咲け（栄えよ）、ドイツ祖国よ。

　では以下で、なぜそういう直訳になるのかを見
てゆきましょう。

Einigkeit und Recht und Freiheit

統一と正義と自由を、

　　筆者はこれを 4 格と取りましたが、これを「呼びかけの 1 格」と取って、
2 行目も合わせて「ドイツ祖国のための統一と正義と自由よ」と読むこと
も可能でしょう。
　　Einigkeit「統一」は、ein「1」に、形容詞語尾 -ig が付いて einig で「1
つの」となり、さらに女性名詞を作る語尾 -keit が付いて Einigkeit となっ
たものです。その原意は「1 つであること」であり、それを我々は「統一」
や「協調」などと訳しているのです。
　　Recht（英語の right にあたる）「正義」は、形容詞 recht（これも英語
の right にあたる）「正しい」をそのまま大文字にして中性名詞にしたも
のです。この recht は、ラテン語 rectus「直線の」を語源としてもち、「直
線の」から「まっすぐな・正しい・正義の」という意味が派生したものです。
　　Freiheit（英語の freedom にあたる）「自由」は、形容詞 frei（英語の
free にあたる）に、女性名詞を作る語尾 -heit（英語の hood にあたる）
が付いて「自由であること」つまり「自由」となったものです。

Für das deutsche Vaterland.

ドイツ祖国のために。

　　für（英語の for にあたる）は、「〜のために」という意味の＋4 の前置
詞です。Vater（英語の father にあたる）「父」は男性名詞であり、Land
（英語の land にあたる）「国」は中性名詞です。合成名詞の性は最後尾の
要素で決まるので、Vaterland 全体は中性名詞になります。自分の「祖国」
のことを、日本では「母国」と言いますが、ドイツでは「父国」と言う
のですね。

Danach lasst uns alle streben

それを求めて我々は全員で努力しよう、

　動詞 streben（英語の strive にあたる）は、+3 の前置詞 nach と結びつ
いて熟語を作り、streben nach ～³（英語の strive for ～ にあたる）で
「～を求めて努力する」という意味になります。先頭にある danach は、本
当は nach ihm（この ihm は es〔英語の it〕の 3 格）ですが、ihm が da
に変わり、それが nach の前へ持ってこられて融合して danach となった
形です。ですから streben danach は、英語の strive for it にあたり、「そ
れを求めて努力する」という意味になります。ここでいう「それ」とは、
上で見た「ドイツ祖国のための統一と正義と自由」です。danach はこの
繋がりによって、この行の冒頭へと引っ張り出されているのです。

　lasst は助動詞 lassen「させる」の ihr「君たち」への命令形で、「君た
ちよ、～させよ」という意味です。この lassen（英語の let にあたる）は
SVOC の形を作ります。SVOC では、O と C のあいだにネクサス（主
語と述語の鎖の関係）があり、「O が C するように S は V する」という
意味になります。ただ、この箇所は命令文なので主語 S はありません。
ドイツ語と英語を重ねて見てみると、

Lasst	uns	alle	streben	danach
Let	us	all	strive	for it
させよ	我々全員が		それを求めて努力するように	

となります（ドイツ語文法としては danach streben と表記するのが正
しい語順ですが、ここでは英語と比較するために、英語の語順に合わせ
て streben danach と書いています）。

　つまりこの箇所を直訳すると「我々全員がそれを求めて努力するように、
君たちよ、させよ」つまり「我々全員をして、それを求めしめよ」とい
うことであり、それゆえ「それを求めて我々は全員で努力しよう」とい
う意味になるのです。

Brüderlich mit Herz[n3] und Hand[f3] !

兄弟のように、心と手を合わせて。

　brüderlich は Bruder[m]（英語の brother にあたる）「兄弟」に、形容詞を作る語尾 -lich（英語の -ly にあたる）が付いて brüderlich（英語の brotherly）で「兄弟のような」という形容詞になり、それを「兄弟のように」と副詞的に使っているのです。mit Herz[n3] und Hand[f3] は直訳すれば「心と手とともに」ですが、ここでは前後関係で「心と手を合わせて」と訳しています。

(Einigkeit[f1] und Recht[n1] und Freiheit[f1])

統一と正義と自由は、

　この句はここでは「主語」として使われています。

Sind des Glückes[n2] Unterpfand[n1].

幸福のしるしである。

　Glück[n]（英語の luck にあたる）は「幸運・幸福」です。Unterpfand は雅語で「しるし・あかし」です。その後半の Pfand[n]（英語の pawn にあたる）は「担保・抵当」という意味で、これだけでも「〜のしるし・あかしになるもの」という意味になります。この箇所の本当の語順は Unterpfand des Glückes[n1]「幸運のしるし」ですが、歌のリズムを整えるために倒置されています。

Blüh' im Glanze[m3] dieses Glückes[n2],

この幸福の輝きの中で花咲け（＝栄えよ）、

　動詞 blühen「花咲く」は、Blume[f]「花」と同源の言葉です。動詞から e あるいは en を取り去ると「du への命令形」になります。blüh' の最後の「'」は、ここでは「e を略した」という印です。ですからこれは「花咲け」

（栄えよ）という命令形なのです。

　Glanz「輝き」は、glänzen（英語の glint にあたる）「輝く・きらめく」から en を取り去って男性名詞を作ったものです。後ろに e が付いているのは、「古いドイツ語の m 3 と n 3 に付いていた e」です。Glück は上述の通り「幸福」です。

Blühe deutsches Vaterland！

花咲け（栄えよ）、ドイツ祖国よ。

　この deutsches Vaterland を「呼びかけの 1 格」と取れば、blühe は「命令形」だと考えられます。この deutsches Vaterland を「主語」と取れば、blühe は「祈念」（〜であれ、〜しますように）を表す「接続法 1 式」だと考えられます。つまり「ドイツ祖国が栄えますように」という意味になります。どちらの理解も可能でしょう。

*

あとがき

コロナ禍がきっかけで生まれた本書

　筆者は京都の立命館大学でドイツ語を教えています。

　その授業の形は「添削型」の授業です。

　学生たちにはまず資料を渡し、文法を示す記号（本書で使っている記号です）をそれに書いてきてもらいます。授業ではそれを順番に受け取り、それをスクリーンに映して、「ここが間違っています。その理由は〜です」と「添削」をして、それを見て学生たちには成長してもらう、という授業です。

　授業の資料としては、ZDF などのドイツのニュースを使っていますが、それだけではつまらないので、授業の始めにドイツの歌を、たとえばドイツリートやドイツポップスなどを使って、楽しみながらドイツ語の実力をつけてもらっています。

　特にその歌の部分を学生たちは楽しんでくれているようなので、「これを本にできないかな」と思っていました。でもその本には、歌の CD を付けなければなりません。「それは無理かな」と思っていたところに、このコロナ禍が起き、授業はリモート授業になりました。そのとき筆者は気付いたのです。「わざわざ CD など付けなくても、学生たちに自宅で YouTube を使って歌を聞いてもらえば、それで話は済むではないか」と。

　それで「YouTube で学ぶドイツ語」というアイデアが生れ、ステイホームの期間に原稿を書いたところ、思いがけず白水社さんが出版してくれることになり、この本ができた、というわけです。

　「主語」を探すことができ、「動詞」を探すことができ、「名詞の性・格・数」が分かるようになれば、たいていのドイツ語は読むことができます。ドイツ語の初心者や、ドイツ語が不得意な学生は、この 3 点に気を付けて、どうか成長してください。

僕らは子供の頃、ドイツの歌をたくさん習いました。ある程度の情操は、それで作られたような気さえしています。

　子供の頃にドイツの歌が好きになり、今でも聞いたり歌ったりしているが、「ドイツ語をちゃんと理解した上でそうしたい」と思っている方も、多くおられると思います。もし本書が、そういう方々のお役に立てるなら、筆者は心から嬉しく思います。

　最後になりますが、本書に何度か登場して、筆者の間違いを正してくれた「ネイティヴの知人」とは、この方も立命館大学でドイツ語を教えている Gudrun Gräwe（グドゥルン・グレーヴェ）さんです。面倒でしたろうに、本書の原稿に目を通し、多くのアドヴァイスをくださいました。心から御礼を申し上げます。

　2021 年 8 月

大西光弘

動詞の三基本形一覧

	不定詞	過去基本形	過去分詞	
始める	ベギンネン beginnen	ベガン begann	ベゴンネン begonnen	（英語の begin にあたる）
頼む	ビッテン bitten	バート bat	ゲベーテン gebeten	（英語の bid にあたる）
とどまる	ブライベン bleiben	ブリープ blieb	ゲブリーベン geblieben	
（肉などを）焼く	ブラーテン braten	ブリート briet	ゲブラーテン gebraten	
持っていく	ブリンゲン bringen	ブラハテ brachte	ゲブラハト gebracht	（英語の bring にあたる）
考える	デンケン denken	ダハテ dachte	ゲダハト gedacht	（英語の think にあたる）
〜してよい	デュルフェン dürfen	ドゥルフテ durfte	ゲドゥルフト gedurft	
勧める	エムプフェーレン empfehlen	エムプファール empfahl	エムプフォーレン empfohlen	
食べる	エッセン essen	アース aß	ゲゲッセン gegessen	（英語の eat にあたる）
（乗り物で）行く	ファーレン fahren	フール fuhr	ゲファーレン gefahren	（英語の fare にあたる）
落ちる	ファレン fallen	フィール fiel	ゲファレン gefallen	（英語の fall にあたる）
捕える	ファンゲン fangen	フィング fing	ゲファンゲン gefangen	
見つける	フィンデン finden	ファント fand	ゲフンデン gefunden	（英語の find にあたる）
飛ぶ	フリーゲン fliegen	フローク flog	ゲフローゲン geflogen	（英語の fly にあたる）
与える	ゲーベン geben	ガープ gab	ゲゲーベン gegeben	（英語の give にあたる）
行く	ゲーエン gehen	ギング ging	ゲガンゲン gegangen	（英語の go にあたる）
成功する	ゲリンゲン gelingen	ゲラング gelang	ゲルンゲン gelungen	
楽しむ	ゲニーセン genießen	ゲノッス genoss	ゲノッセン genossen	
起こる	ゲシェーエン geschehen	ゲシャー geschah	ゲシェーエン geschehen	
得る	ゲヴィンネン gewinnen	ゲヴァン gewann	ゲヴォンネン gewonnen	（英語の win にあたる）
持っている	ハーベン haben	ハッテ hatte	ゲハープト gehabt	（英語の have にあたる）

保つ	ハルテン halten	ヒールト hielt	ゲハルテン gehalten	（英語の hold にあたる）
掛かっている	ヘンゲン hängen	ヒング hing	ゲハンゲン gehangen	
～という名である	ハイセン heißen	ヒース hieß	ゲハイセン geheißen	
助ける	ヘルフェン helfen	ハルフ half	ゲホルフェン geholfen	（英語の help にあたる）
知っている	ケンネン kennen	カンテ kannte	ゲカント gekannt	（英語の ken にあたる）
鳴る	クリンゲン klingen	クラング klang	ゲクルンゲン geklungen	（英語の clink にあたる）
来る	コンメン kommen	カーム kam	ゲコンメン gekommen	（英語の come にあたる）
～できる	ケンネン können	コンテ konnte	ゲコント gekonnt	（英語の can にあたる）
積む	ラーデン laden	ルート lud	ゲラーデン geladen	（英語の lade にあたる）
～させる	ラッセン lassen	リース ließ	ゲラッセン gelassen	（英語の let にあたる）
走る	ラウフェン laufen	リーフ lief	ゲラウフェン gelaufen	（英語の leap にあたる）
貸す、借りる	ライエン leihen	リー lieh	ゲリーエン geliehen	（英語の loan にあたる）
読む	レーゼン lesen	ラース las	ゲレーゼン gelesen	
横たわる	リーゲン liegen	ラーク lag	ゲレーゲン gelegen	（英語の lie にあたる）
～かもしれない （～を好む）	メーゲン mögen	モホテ mochte	ゲモホト gemocht	（英語の may にあたる）
～しなければならない	ミュッセン müssen	ムステ musste	ゲムスト gemusst	（英語の must にあたる）
取る	ネーメン nehmen	ナーム nahm	ゲノンメン genommen	
名づける	ネンネン nennen	ナンテ nannte	ゲナント genannt	（英語の name にあたる）
呼ぶ	ルーフェン rufen	リーフ rief	ゲルーフェン gerufen	（英語の roup にあたる）
分ける	シャイデン scheiden	シート schied	ゲシーデン geschieden	（英語の shed にあたる）
輝く	シャイネン scheinen	シーン schien	ゲシーネン geschienen	（英語の shine にあたる）
撃つ	シーセン schießen	ショッス schoss	ゲショッセン geschossen	
眠る	シュラーフェン schlafen	シュリーフ schlief	ゲシュラーフェン geschlafen	（英語の sleep にあたる）
打つ	シュラーゲン schlagen	シュルーク schlug	ゲシュラーゲン geschlagen	（英語の slay にあたる）

閉じる	シュリーセン schließen	シュロッス schloss	ゲシュロッセン geschlossen	
切る	シュナイデン schneiden	シュニット schnitt	ゲシュニッテン geschnitten	
書く	シュライベン schreiben	シュリープ schrieb	ゲシュリーベン geschrieben	
黙る	シュヴァイゲン schweigen	シュヴィーク schwieg	ゲシュヴィーゲン geschwiegen	
泳ぐ	シュヴィンメン schwimmen	シュヴァム schwamm	ゲシュヴォンメン geschwommen	（英語の swim にあたる）
見る	ゼーエン sehen	ザー sah	ゲゼーエン gesehen	（英語の see にあたる）
〜である	ザイン sein	ヴァー war	ゲヴェーゼン gewesen	
歌う	ジンゲン singen	ザング sang	ゲズンゲン gesungen	（英語の sing にあたる）
沈む	ジンケン sinken	ザンク sank	ゲズンケン gesunken	（英語の sink にあたる）
座っている	ジッツェン sitzen	ザース saß	ゲゼッセン gesessen	（英語の sit にあたる）
〜すべきである	ゾレン sollen	ゾルテ sollte	ゲゾルト gesollt	（英語の shall にあたる）
話す	シュプレッヒェン sprechen	シュプラッハ sprach	ゲシュプロッヒェン gesprochen	（英語の speak にあたる）
立っている	シュテーエン stehen	シュタント stand	ゲシュタンデン gestanden	（英語の stand にあたる）
盗む	シュテーレン stehlen	シュタール stahl	ゲシュトーレン gestohlen	（英語の steal にあたる）
登る	シュタイゲン steigen	シュティーク stieg	ゲシュティーゲン gestiegen	
死ぬ	シュテルベン sterben	シュタルプ starb	ゲシュトルベン gestorben	（英語の starve にあたる）
争う	シュトライテン streiten	シュトリット stritt	ゲシュトリッテン gestritten	
運ぶ	トラーゲン tragen	トルーク trug	ゲトラーゲン getragen	（英語の draw, dragにあたる）
出会う	トレッフェン treffen	トラーフ traf	ゲトロッフェン getroffen	
駆り立てる	トライベン treiben	トリープ trieb	ゲトリーベン getrieben	（英語の drive にあたる）
踏む	トレーテン treten	トラート trat	ゲトレーテン getreten	（英語の tread にあたる）
飲む	トリンケン trinken	トランク trank	ゲトルンケン getrunken	（英語の drink にあたる）
する、行う	トゥン tun	タート tat	ゲタン getan	（英語の do にあたる）
忘れる	フェアゲッセン vergessen	フェアガース vergaß	フェアゲッセン vergessen	（英語のforgetにあたる）

失う	フェアリーレン verlieren	フェアロー verlor	フェアローレン verloren
成長する	ヴァクセン wachsen	ヴクス wuchs	ゲヴァクセン gewachsen （英語の wax にあたる）
洗う	ヴァッシェン waschen	ヴッシュ wusch	ゲヴァッシェン gewaschen （英語の wash にあたる）
～になる	ヴェルデン werden	ヴルデ wurde	ゲヴォルデン geworden
投げる	ヴェルフェン werfen	ヴァルフ warf	ゲヴォルフェン geworfen （英語の warp にあたる）
知っている	ヴィッセン wissen	ヴステ wusste	ゲヴスト gewusst
～するつもりである	ヴォレン wollen	ヴォルテ wollte	ゲヴォルト gewollt （英語の will にあたる）
引く	ツィーエン ziehen	ツォーク zog	ゲツォーゲン gezogen

類 型

類型① 動詞の人称変化（例、lernen 英 learn, 学ぶ）

私	ich lerne	我々	wir lernen
君	du lernst	君たち	ihr lernt

彼) er
彼女 } sie lernt
それ) es

彼ら)
彼女ら } sie lernen
それら)

あなた（方） Sie lernen

類型② 人称代名詞の3・4格

	私	君	彼	彼女	それ	我々	君たち	彼ら	あなた（方）
1格（が）	ich	du	er	sie	es	wir	ihr	sie	Sie
3格（に）	mir	dir	ihm	ihr	ihm	uns	euch	ihnen	Ihnen
4格（を）	mich	dich	ihn	sie	es	uns	euch	sie	Sie

類型③ 「定動詞 第2位置」の法則 〔主語を（ ）で示し、動詞を___で示す〕

【主語が文頭の場合】　　(Ich) **lese** heute das Buch.[n4]
私は　読む　今日　その本を
（私は今日、その本を読む）

【非主語が文頭の場合①】　Heute **lese** (ich) das Buch.[n4]
今日　読む　私は その本を
（今日、私はその本を読む）

【非主語が文頭の場合②】　Das Buch **lese** (ich) heute.[n4]
その本を　読む　私は 今日
（その本を、私は今日読む）

類型④ 定冠詞（英 the, 日本語「その」）

	m（男性）	f（女性）	n（中性）	pl.（複数）
1格（が）	der Vater（父）	die Mutter（母）	das Kind（子）	die Kinder（子たち）
2格（の）	des Vaters	der Mutter	des Kindes	der Kinder
3格（に）	dem Vater	der Mutter	dem Kind	den Kindern
4格（を）	den Vater	die Mutter	das Kind	die Kinder

類型⑤　**不定冠詞**（英 a, 日本語「ある」）

	m	f	n	pl.
1格（が）	ein Vater	eine Mutter	ein Kind	meine Kinder
2格（の）	eines Vaters	einer Mutter	eines Kindes	meiner Kinder
3格（に）	einem Vater	einer Mutter	einem Kind	meinen Kindern
4格（を）	einen Vater	eine Mutter	ein Kind	meine Kinder

類型⑥　**定冠詞類**（定冠詞と同じ変化をする）（但し、n 1 と n 4 は **es** になる）

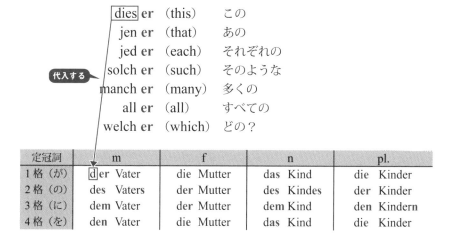

dies	er	（this）	この
jen	er	（that）	あの
jed	er	（each）	それぞれの
solch	er	（such）	そのような
manch	er	（many）	多くの
all	er	（all）	すべての
welch	er	（which）	どの？

代入する

定冠詞	m	f	n	pl.
1格（が）	der Vater	die Mutter	das Kind	die Kinder
2格（の）	des Vaters	der Mutter	des Kindes	der Kinder
3格（に）	dem Vater	der Mutter	dem Kind	den Kindern
4格（を）	den Vater	die Mutter	das Kind	die Kinder

類型⑦　**不定冠詞類**（不定冠詞と同じ変化をする）

mein	（my）	私の		unser	（our）	我々の
dein	（your）	君の		euer	（your）	君たちの
sein	（his, its）	彼・それの		ihr	（their）	彼らの
ihr	（her）	彼女の		Ihr	（your）	あなた（方）の
kein	（no）	どの〜もない				

代入する

	m	f	n	pl.
1格（が）	ein Vater	eine Mutter	ein Kind	meine Kinder
2格（の）	eines Vaters	einer Mutter	eines Kindes	meiner Kinder
3格（に）	einem Vater	einer Mutter	einem Kind	meinen Kindern
4格（を）	einen Vater	eine Mutter	ein Kind	meine Kinder

類型⑧　前置詞の格支配

2 格支配（＋2 で示す）

statt	（instead of）	の代わりに
trotz	（in spite of）	にもかかわらず
während	（during）	の期間中に
wegen	（because of）	のせいで

Ich arbeite statt^{+2} des$^{m\,2}$ Vaters.
（私は働く、父の代わりに）

3 格支配（＋3 で示す）

aus	（out of）	から外へ
bei	（by）	のもとで
mit	（with）	と共に、でもって
nach	（after）	の後で、の方へ
seit	（since）	以来
von	（from）	から、の、について
zu	（to）	へ

Ich arbeite mit^{+3} dem$^{m\,3}$ Vater.
（私は働く、父と共に）

4 格支配（＋4 で示す）

durch	（through）	を通って
für	（for）	のために
gegen	（against）	に対して
ohne	（without）	なしで
um	（about, around）	の回りに

Ich arbeite für^{+4} den$^{m\,4}$ Vater.
（私は働く、父のために）

3・4 格支配　3 格のときは「〜で」と場所を表し、4 格のときは「〜へ」と
　　　　　　　方向を表す。

（＋3 で示す）　Ich laufe in^{+3} dem$^{m\,3}$ Park.　（私は走る、公園の中「で」）

（＋4 で示す）　Ich laufe in^{+4} den$^{m\,4}$ Park.　（私は走る、公園の中「へ」）

an	（at）	のきわで、へ	über	（over）	の上方で、へ
auf	（on）	の上で、へ	unter	（under）	の下で、へ
hinter	（behind）	の後ろで、へ	vor	（before）	の前で、へ
in	（in）	の中で、へ	zwischen	（between）	の間で、へ
neben	（beside of）	の横で、へ			

類型⑨　形容詞の格変化

参考として定冠詞を挙げる

定冠詞	m	f	n	pl.
1格（が）	der　Vater	die　Mutter	das　Kind	die　Kinder
2格（の）	des　Vaters	der　Mutter	des　Kindes	der　Kinder
3格（に）	dem Vater	der　Mutter	dem Kind	den　Kindern
4格（を）	den　Vater	die　Mutter	das　Kind	die　Kinder

形容詞の格変化

1.強変化（名詞の前に形容詞だけが付く場合）
〔定冠詞の代わりに形容詞が変化する〕

	m	f	n	pl.
1格（が）	guter　Vater	gute　Mutter	gutes　Kind	gute　　Kinder
2格（の）	guten Vaters	guter　Mutter	guten　Kindes	guter　Kinder
3格（に）	gutem Vater	guter　Mutter	gutem Kind	guten　Kindern
4格（を）	guten　Vater	gute　Mutter	gutes　Kind	gute　　Kinder

2.弱変化（名詞の前に「定冠詞＋形容詞」が付く場合）
〔定冠詞があるから弱変化でよい〕

	m	f	n	pl.
1	der　gute　Vater	die gute　Mutter	das　gute　　Kind	die　guten Kinder
2	des　guten Vaters	der guten Mutter	des　guten Kindes	der　guten Kinder
3	dem guten Vater	der guten Mutter	dem guten Kind	den　guten Kindern
4	den　guten Vater	die gute　Mutter	das　gute　　Kind	die　guten Kinder

3.混合変化（名詞の前に「不定冠詞＋形容詞」が付く場合）
〔弱変化＋強変化〕

	m	f	n	pl.
1	ein　　guter　Vater	eine　gute　Mutter	cin　　gutes Kind	meine guten Kinder
2	eines　guten Vaters	einer guten Mutter	eines　guten Kindes	meiner guten Kinder
3	einem guten Vater	einer guten Mutter	einem guten Kind	meinen guten Kindern
4	cinen guten Vater	eine　gute　Mutter	ein　　gutes Kind	meine guten Kinder

類型⑩　関係代名詞　（形は定冠詞とほぼ同じ。enの部分が違うだけ）

	m	f	n	pl.
1	der　　（その男性は）	die（その女性は）	das（そのものは）	die（そのものたちは）
2	dessen（その男性の）	deren	dessen	deren
3	dem　　（その男性に）	der	dem	denen
4	den　　（その男性を）	die	das	die

著者紹介

大西光弘（おおにし・みつひろ）

1989 年、立命館大学博士課程修了。現在、立命館大学非常勤講師。
本書で紹介した「記号」を用いた添削型のドイツ語の授業をしている。

ドイツ語読解教室
「魔王」「第九」から「ドイツ国歌」まで全 8 曲を解説

2021 年 9 月 4 日　印刷
2021 年 9 月 30 日　発行

著　者 © 大　西　光　弘
発行者　　及　川　直　志
印刷・製本　図書印刷株式会社

101-0052 東京都千代田区神田小川町 3 の 24
発行所　電話 03-3291-7811（営業部），7821（編集部）　株式会社　白水社
www.hakusuisha.co.jp

乱丁・落丁本は、送料小社負担にてお取り替えいたします。

振替 00190-5-33228　　　Printed in Japan

ISBN978-4-560-08915-6

グリム童話の原文を目と耳から楽しもう！

聞いて読む初版グリム童話

ドイツ語朗読ＣＤ付

吉原素子，吉原高志 編著

グリム兄弟が何度も手を入れてきたグリム童話．書き換えられる前の〈初版〉をドイツ語で味わってみませんか．本書には，初版でしか読めないお話も含めて，「白雪姫」「ヘンゼルとグレーテル」「いばら姫」など７編をドイツ語との対訳で収録．概説のほか，各話には書き換えの過程などについての解説が付きます．

ドイツ語を学び始めたあのころを思い出して

対訳 ドイツ語で読む
「若きヴェルターの悩み」《CD付》

林 久博 編著

婚約者のいる女性シャルロッテに恋をし，その想いを綴る．ゲーテの青春小説をドイツ語の原文で味わってください．朗読CD付．